Das Buch
Literatur und Fußball: Ist nicht beides Spiel? Und geht es nicht trotzdem immer um alles, ums Letzte, ums Ganze? Moritz Rinke, einer der bekanntesten Dramatiker Deutschlands, Romancier und Stürmer in der DFB-Autoren-Nationalmannschaft, hat seiner großen Leidenschaft nun endlich ein Buch gewidmet: Er imaginiert sich als Poolwächter der deutschen Nationalmannschaft ins Schlosshotel im Grunewald oder mit Lionel Messi in die Umkleidekabine; er schreibt für Angela Merkel Liebesbriefe an Bastian Schweinsteiger, für Jogi Löw Wutreden, über Kloses Torkrisen Dramolette und entführt den DFB-Pokal heimlich in die Berliner Nacht. Unglaublich charmant und scharfsinnig schaut Rinke in die Fußballerseele und erzählt von Emotionen und Wundern, von Siegen und Tragödien sowie von einem Sport, der wie kein anderer Abbild der Gesellschaft ist. Diese Liebeserklärungen sind geistreiche Pässe in die Welt. Und begeistern nicht nur Fußballfans!

Der Autor
Moritz Rinke, geboren 1967 in Worpswede, studierte »Drama, Theater, Medien« in Gießen. Seine Reportagen, Geschichten und Essays wurden mehrfach ausgezeichnet. Sein Stück »Republik Vineta« wurde 2001 zum besten deutschsprachigen Theaterstück gewählt und 2008 für das Kino verfilmt. Im Sommer 2002 kam bei den Festspielen in Worms Rinkes Neudichtung der »Nibelungen« zur Uraufführung, die in den Folgejahren auf der Bühne und im Fernsehen ein Millionenpublikum fand. Sein Stück »Café Umberto« wurde bereits an zahlreichen Theatern gespielt und ist Bestandteil einiger Lehrpläne. 2010 erschien sein Debütroman »Der Mann, der durch das Jahrhundert fiel«, der zum Bestseller wurde. Moritz Rinke lebt und arbeitet in Berlin.

Weitere Titel bei Kiepenheuer & Witsch
»Das große Stolpern. Erinnerungen an die Gegenwart«, KiWi 899, 2005. »Der Mann, der durch das Jahrhundert fiel«, KiWi 1218, 2011.

Moritz Rinke

Also sprach Metzelder zu Mertesacker ...

Lauter Liebeserklärungen
an den Fußball

Kiepenheuer & Witsch

Verlag Kiepenheuer & Witsch, FSC® N001512

1. Auflage 2012

© 2012, Verlag Kiepenheuer & Witsch, Köln
Alle Rechte vorbehalten. Kein Teil des Werkes darf in irgendeiner Form (durch Fotografie, Mikrofilm oder ein anderes Verfahren) ohne schriftliche Genehmigung des Verlages reproduziert oder unter Verwendung elektronischer Systeme verarbeitet, vervielfältigt oder verbreitet werden.
Umschlaggestaltung: Barbara Thoben, Köln
Umschlagmotiv: © Franz Metelec – www.fotolia.com
Gesetzt aus der Sabon und Meta
Satz: Buch-Werkstatt GmbH, Bad Aibling
Druck und Bindearbeiten: CPI – Clausen & Bosse, Leck
ISBN 978-3-462-04401-0

INHALT

VOM TRÄUMEN UND BEWUNDERN

1 Statt eines Vorworts:
Vielleicht werden wir noch berufen
(Die Generation Fimpen)   11

2 Mit der Lichtgestalt beim Pokalfinale
(Für meinen Großvater)   15

3 Die Lektüre des Mittelstürmers   18

2006: DIE WM IM EIGENEN LANDE

1 Gott, der Kaiser und der Idiot (Drei dramatische
Szenen von der Suche nach dem Bundestrainer)   21

2 Zu Gast bei Freunden
Bericht zur Lage der Nation (59 Tage vor der
Fußballweltmeisterschaft in Deutschland)   29

3 Danach esse ich Maultaschen!
(Dramatische Szene aus dem modernen Fußball-Leben,
5 Tage vor der WM)   34

4 Die Pool-Novellen (Meine Zeit als WM-Poolwächter
der deutschen Nationalmannschaft)   45

5 Nachspielzeit!
(3. Oktober 2006. Großes Kino. Was tief in der Nacht
bei der Premierenfeier von »Deutschland. Ein
Sommermärchen« geschah.)   64

2008: DIE EM IN ÖSTERREICH UND DER SCHWEIZ

1 Heute gegen Polen! (Hymne auf meinen polnischen
Theaterprofessor und auf den Papst, danach das
Sportliche)   69

2 The Tragedy of Miroslav (Frei nach »Hamlet« von
William Shakespeare)   72

3 Wollt ihr etwa Wörns?! Eine imaginäre
Jogi-Löw-Wutrede (Frei nach »Flasche leer.
Ich habe fertig« von Giovanni Trapattoni)   76

4 Frau Klose ruft an. Lehmanns Bettdecke flattert. Und Gómez träumt, dass er nur noch minus 135 Millionen wert ist (Dramatische Szenen aus den Zimmern der Spieler)   81

5 Die Bundeskanzlerin schreibt ihren ersten Liebesbrief an Schweinsteiger   85

6 Stille Tage in Ascona (Dramatische Szenen auf dem Wasser und zu Land)   88

7 Also sprach Metzelder zu Mertesacker (Dramatische Szenen zu Land, auf und unter dem Wasser)   93

2010: DIE WM IN SÜDAFRIKA

Die Liebe ist rund – Angela Merkels Liebesbriefe an Bastian Schweinsteiger (Nr. 2 bis Nr. 7) und ein weiterer an Mesut Özil (Der Migrationsbrief)   99

KLEINE TEXTE GEGEN DIE GROSSEN FEINDE DES FRAUENFUSSBALLS (DIE WM 2011 IN DEUTSCHLAND)

1 Her mit dem Lack!   123

2 Der fiese Betrug der Stockfische   125

3 Stern über Bethlehem (Kleine WM-Schnuppen)   127

4 Köpfen mit Zöpfen (Mit Olaf Scholz und
Horst Hrubesch beim Frauenfußball)   129

5 Die deutsche Niederlage gegen Japan – Ab sofort
bin ich Solo-Fan! (Kleine WM-Schnuppen)   130

6 Kleine Riesen (Hymne auf Homare Sawa)   132

DIE SCHÖNSTE NEBENSACHE DER WELT
(DIE DFB-AUTORENNATIONALMANNSCHAFT)

1 Wahnsinn! (Die Autoren-WM in Schweden)   136

2 Freundschaftsspiel in Saudi-Arabien oder:
Wie sehen Sie die Entwicklungen in Russland?
(Wüstenkoller)   140

3 Die Zeichen am Himmel
(Drei Fußballmannschaften aus Deutschland
fahren nach Israel)   145

4 Ans Millerntor! Gegen die Türken!
(Für Eylem, Tan und Ismail)   154

5 Abschlussbankett (Dramatische Szene zwischen
mir und dem DFB-Pokal)   158

ÜBER DIE LIEBE

1 Es muss auch ein Herz und eine Seele geben
(Eine dramatische Szene über den Niedergang
des FC Bayern)   **161**

2 Das Wunder von der Weser. Über Werder Bremen
(Eine Liebeserklärung)   **165**

VON WELTMEISTERN UND DENEN, DIE ES WERDEN WOLLEN – ZWEI GESPRÄCHE

1 Ein Pferd für Helmut Rahn oder Ich könnte mich
stundenlang mit Ihnen über das Endspiel unterhalten!
(Gespräch über das »Wunder von Bern« mit Horst
Eckel, Weltmeister von 1954, und Rudi Gutendorf,
Trainerlegende)   **175**

2 »Hast du elf Freunde?« Was verbindet einen
schreibenden Fußballer mit einem kickenden
Schriftsteller? (Gespräch mit Philipp Lahm)   **185**

Nachweis der Veröffentlichungen   **197**

VOM TRÄUMEN UND BEWUNDERN

1

Statt eines Vorworts: Vielleicht werden wir noch berufen (Die Generation Fimpen)

Vor ein paar Tagen war ich im Kino. Es lief der Kinderfilm »Fimpen, der Knirps«, den habe ich zuletzt vor fast 40 Jahren gesehen, und es gibt ihn in Deutschland auch nur noch auf einer einzigen, knisternden und holprigen 16-mm-Kopie.

»Fimpen, der Knirps« wurde 1974 in Schweden gedreht, und es war der erste Film, den ich je im Kino gesehen habe. In der »Gondel« in Bremen, ich war sechs, und dieser Film hat mein Leben verändert. Normalerweise ändert man ja mit sechs noch nicht sein Leben, aber in diesem Fall schon, sonst wäre ich heute realistischer.

In der ersten Szene läuft der große schwedische Nationalstürmer Mackan zufällig über einen Spielplatz. Er hat gerade noch die Deutschen im Länderspiel mit dem Kolibri-Trick, einer Vorstufe des Übersteigers, zur Verzweiflung gebracht und die Kinder schießen ihm nun ehrfürchtig einen Ball zu, der ihm von einem kleinen Jungen beim Dribbling einfach wieder abgenommen wird. Dieser Junge, der sechsjährige Fimpen Johan Bergman, wird daraufhin sofort vom Profiverein Hammarby IF verpflichtet und schießt als Linksaußen gegen Åtvidaberg zwei Tore. Danach ruft der Nationaltrainer Georg Ericson an, der kleine Johan nimmt den riesigen Telefonhörer ab und wird für die entscheidenden Qualifikationsspiele zur Fußballweltmeisterschaft 1974 in Deutschland in die schwedische Nationalmannschaft berufen.

Fimpen, der Knirps, hat lange Haare wie ich sie auch mit sechs getragen habe, er spricht wenig (wie ich damals!) und kann ebenfalls nicht 2+2 zusammenzählen, schießt aber Schweden zur WM! In einer meiner Lieblingsszenen muss der Nationaltorwart Ronnie Hellström dem Knirps am Vorabend des Länderspiels in Wien aus »14 kleine Bären« vorlesen, damit er einschläft, aber dann schläft Ronnie Hellström ein, tatsächlich gespielt von Ronnie Hellström, der in der Bundesliga beim 1. FC Kaiserslautern zwischen den Pfosten stand und als Elfmetertöter galt.

Während dieser Szene beugte ich mich pathetisch zu einem Jungen hinüber, der mit seiner Mutter neben mir saß, so als sei dieser Junge ich vor fast vierzig Jahren in der »Gondel«. »Das ist ein echter Nationaltorwart, der da aus den 14 kleinen Bären liest, toll, was?«, sagte ich, »pass auf, gleich spielt Fimpen gegen Österreich!«

»Fimpen ist doof. Podolski ist viel besser! Harry Potter auch!«, antwortete der Junge.

Ich dachte, ich hör nicht richtig. »Podolski ist einundzwanzig, Fimpen erst sechs!«, entgegnete ich.

»Scheißbild. Da wackelt ja unsere Waschmaschine weniger. Harry Potter ist mit Computeranimation!«, erklärte der Junge.

»Na, hör mal, Fimpen ist auf 16 mm gedreht, das ist die letzte Kopie, die es gibt, immerhin mit dem echten Ronnie Hellström! Der war Elfmetertöter!«

»Häh? Wer?? Kenn ich nicht!«, sagte der Junge und schien seiner Mutter zu signalisieren, dass ich ihm irgendwie auf die Nerven ging.

Ich glaube, das war mein erster echter Generationenkonflikt, aber in entgegengesetzter Richtung. Bisher hatte ich nur Konflikte, in denen ich den Älteren diesen ganzen nervenden Mist um die Ohren schlug: Woodstock, APO, Kommune, Uschi Obermaier etc. Aber Sätze wie »Fimpen ist doof. Podolski ist besser!« oder »Da wackelt ja unsere Waschmaschine weniger«, das sind jetzt Aussagen, die treffen mich, die rauben mir meinen Mythos, meinen Traum, dass im Fußball durch Wunder alles möglich ist. Immer noch träume ich nämlich davon, in der Nationalmannschaft zu spielen, theoretisch hätte ich vielleicht noch zwei Jahre, berufen zu werden, da ist noch alles drin, die 68er glauben ja schließlich auch, dass bei ihnen noch alles drin sei.

Seit dem Konflikt mit dem Jungen im Kino habe ich sogar das Gefühl, ich muss mich bei jemandem entschuldigen, den ich einmal auf einem Podium lächerlich machte, weil er seine ganze revolutionäre Existenz beglaubigen wollte, indem er sagte, er sei mit Rudi Dutschke Linienbus gefahren. Ich kenne einen Mann, der seinen revolutionären Geist immer noch für intakt hält, nur weil er einmal für Gudrun Ensslin öffentlich Zahnersatz forderte. Und nun komme ich also ernsthaft mit meiner heiligen, schrottigen 16-mm-Kopie (Leihgabe aus dem Filmmuseum München), Ronnie Hellström liest die »14 kleinen Bären« vor, und ich glaube immer noch, dass alles möglich ist?

Ja, offen gestanden, glaube ich das! Wenn man mit sechs Jahren Tore für die Nationalmannschaft schießt, dann geht das auch in entgegengesetzter Richtung, dann schieße ich sie auch noch mit 40!

Ja, der stürmende Knirps Fimpen hat bestimmt Abertausende meiner Generation zu träumenden, tänzelnden, ewigen Spielern gemacht, da bin ich mir sicher, we are the fimpen-generation!

Hellström, Dutschke, Uschi Obermaier, Podolski, Potter – wahrscheinlich kann man sich die Filme, Busse, Kommunen und Zeiten, in denen sich die Träume in die Menschen schleichen und einrichten, nicht aussuchen. Aber vielleicht werde ich in Zukunft sanfter, wenn ich ältere Herren treffe, bei denen sie partout nicht ausziehen wollen.

Bei mir ist übrigens der Filmvorführer von damals schuld, dass ich noch immer weiterträume, vielleicht noch mehr als all die anderen aus der Fimpen-Generation. Der Filmvorführer legte nämlich die zweite Filmrolle zuerst ein und dann die erste. Der Film endet eigentlich kritisch, denn Fimpen wird immer müder von den großen Spielen und muss sich am Ende für Schule und Leben entscheiden. Bei mir endete es mit Hellströms Gutenachtgeschichte und Fimpens Wundertoren gegen Österreich am nächsten Tag.

2

**Mit der Lichtgestalt beim Pokalfinale
(Für meinen Großvater)**

Es gab schon viele Momente, in denen ich zu einem Bewunderer von Franz Beckenbauer hätte werden können. 1974 zum Beispiel, während der WM, da war ich sechs. Mein Großvater, der eigentlich seit 1945 die Schnauze voll hatte von Lichtgestalten, sagte immer: »Ohne Franz und die Nacht von Malente hätten wir die Holländer nie geschlagen!«

Die Nacht von Malente fand in der schleswig-holsteinischen Sportschule statt nach der 0:1-WM-Niederlage gegen die DDR durch das Tor von Sparwasser. In Malente gab es winzige Zimmer, Toiletten und Waschräume nur auf dem Gang. In irgendeinem dieser Waschräume soll Beckenbauer zur Lichtgestalt geworden sein.

Mein Großvater war Maschinist bei der »Kaiserbrauerei Beck & Co« in Bremen. 1974 hielt auch mein Großvater im kleinen Aufenthaltsraum der Maschinisten, die ihre Arbeit niederlegen wollten, eine Rede im Geiste von Beckenbauer und Malente. Kurze Zeit später expandierte die Produktion vom Hemelinger (so eine Art Sparwasser) zum landesweiten Beck's als Fassbier.

Als mein Großvater fünfundzwanzig Jahre nach seinem letzten Arbeitstag beerdigt wurde, habe ich auf dem Friedhof in Bremen von Malente gesprochen. Und vom Aufenthaltsraum der Maschinisten. Von Beck's-Bier war keiner da, vermutlich waren jene, die meinen Großvater noch kannten, schon tot. Eine Woche später habe ich dann Beckenbauer beim DFB-Pokalfinale im

Berliner Olympiastadion kennengelernt, wir wurden uns sogar vorgestellt, vom Altbundeskanzler, ich glaube, der dachte, ich sei Brdarić von seinem Heimatklub Hannover 96. Ich will ja nicht mit Namen um mich werfen, aber Karl-Heinz Rummenigge und Oliver Bierhoff standen auch daneben. Mensch BIERhoff, dachte ich, das ist doch ein Zeichen!

»Mein Großvater hat Sie sehr verehrt, obwohl er Bremer war und Sie Bayer«, sagte ich zu Beckenbauer. »Mein Großvater sprach oft von der Nacht von Malente.«

»Ach, Malente«, sagte Beckenbauer. Er schien gerührt. Der Altbundeskanzler sagte noch: »Ich habe so etwas mal auf dem Parteitag in Mannheim erlebt, wenn man plötzlich zusammenrückt!« Auch der Altbundeskanzler war nun gerührt, inmitten des Trubels in dieser Ehrenhalle der Selbstdarsteller. Beide schienen zurückzublicken, der eine nach Mannheim, wo er dicht an der Basis war; der andere nach Malente, wo ein großer Geist in einem winzigen Zimmer war.

»Sie schreiben also Gedichte?«, fragte Beckenbauer, ich hatte ihm mittlerweile erklärt, dass ich nicht Brdarić von Hannover 96 bin, sondern Schriftsteller. »Nein, Herr Beckenbauer«, antwortete ich, »aber ein Kollege von mir aus München schreibt sogar Gedichte über Fußball. Kennen Sie die *Ode an Kahn*?«

»Es gibt eine *Ode an Kahn*?«, fragte Beckenbauer begeistert und erkundigte sich bei Rummenigge, ob er diese Ode kenne, aber Rummenigge sagte nur: »Hm, nee, Ode??«, und sprach schon mit einem anderen. Nur Beckenbauer war ganz zugewandt, der Einzige, der mich hier beachtete, ansonsten kam ich mir vor wie Woody Allen in diesem Film, wo er auf einer Industriellen-Party sagt, er sei freischaffender Bildhauer. Aber wenn man mit Beckenbauer spricht, dann sprechen einen plötzlich alle an!

»Mein Name ist Walter Gagg, Director of the Executive Office of the FIFA-President. Die WM in Südafrika ist ernsthaft in Gefahr, Sie müssen uns unterstützen!«

»Ich?«, sagte ich.

»Ja«, sagte Gagg, »die FIFA zahlt nach der WM alles zurück.«

»Ich kann der FIFA kein Geld geben, fragen Sie den Altbundeskanzler, ich kann Ihnen höchstens jeden Monat eine Kiste Beck's geben, die bekommt meine Familie immer noch, mein Opa war bei Beck's.«

Später stand ich vor der Ehrentoilette (nur ein einziges WC!) und dachte, das gibt's doch nicht, ausgerechnet mich gräbt die FIFA an. Plötzlich ging die Toilettentür auf und Beckenbauer kam heraus. »Ah, Servus«, sagte er, wieder ganz zugewandt, und ging zur Verlängerung des Pokalfinals. Ich war schon in der Halbzeitpause auf dieser Ehrentoilette gewesen, vor mir Matthias Sammer vom DFB, aber jetzt, kein Vergleich: es duftete, ich setzte mich sogar auf den Brillenrand, was ich nie tue. Wie angenehm und frisch Beckenbauer die Toilette hinterlassen hatte! Ich möchte ja nicht wissen, wie das hier jetzt aussähe, dachte ich, wenn vor mir Josef Ackermann, Zumwinkel oder Karl-Theodor zu Guttenberg gewesen wären, die keine Ahnung haben, was der Geist von Malente ist und eine Toilette und ein Waschraum für alle.

Ich blieb zehn Minuten. Auch sehr an meinen Großvater denkend, der diese Geschichte wohl gerne seinen Kollegen von der Kaiserbrauerei erzählt hätte.

3

Die Lektüre des Mittelstürmers

November 2000 – im Flugzeug mit einer Profimannschaft

Dies ist eine Hymne auf einen Stürmer und vielleicht noch auf alle Pinguine in der Welt.

Kürzlich flog ich von Berlin nach München, und es geschah wieder das, was ich am Fliegen hasse. Links neben mir saß ein Mann mit einem Diktafon und diktierte noch vor dem Start Zahlen und Analysen, ohne zu fragen, ob mich das stören könnte, sondern im Gegenteil eher so, als ginge er davon aus, dass es mich und alle anderen brennend interessierte. Er diktierte Zahlen aus dem Börsenmagazin »Der Aktionär« und beschäftigte sich dann den gesamten Flug über mit der Knochenmarks-Krebsaktie »Cell Therapeutics«, die groß im Kommen sei, weil sich, so konnte ich mitlesen, Knochenmarkskrebs erst seit Kurzem stark auf dem Vormarsch befinde. Dann diktierte der Mann: »Die Aktie dürfte sich zum Outperformer im Krebssektor entwickeln. Kaufen!«

Rechts neben mir saß ein Mann, der mit hektischen Armbewegungen sieben oder acht Zeitungen zerpflückte, um lauter Artikel über die »Leitkultur« zu sammeln, wobei er mir einmal beim Rausreißen einer Seite an den Kopf stieß, ohne zu bemerken, dass ich dabei größte Schwierigkeiten hatte, mich auf einen Bericht über die Haaranalyse von Christoph Daum zu konzentrieren.

Dann das Wunder.

Fast zwanzig Männer in identischen dunklen Anzügen mit blauen Hemden betraten verspätet die Maschine, und mein Kindheitstraum ging in Erfüllung: Einmal mit einer bedeutenden Fußballmannschaft reisen! Die zwanzig Männer waren die Spieler von Hertha BSC Berlin, und sie flogen nach München, um dort siegend Tabellenführer zu werden. (In der ersten Liga!)

Schräg rechts vor dem Mann mit der Leitkultur saß wenig später Sebastian Deisler, der sensible Nationalspieler, und hörte still und leise mit dem Kopfhörer eine CD. Knapp hinter mir Gabor Kiraly, der schöne ungarische Tormann, der nach dem Start nur seinen Tisch ausklappte, die Hände darauflegte und sie ansah bis nach München. Links neben ihm Bryan Roy, der schwarzhäutige Holländer, früher Ajax Amsterdam, der nur eine gelbe Tüte auf dem Schoß hatte, darin die niederländische Zeitung »De Telegraaf«, deren Titelseite er einmal überflog, um dann nachdenklich seine Stirn zu massieren. Auf der anderen Seite am Fensterplatz Alex Alves, der Brasilianer, irgendwie traurig wirkend und während des Fluges in die Abendsonne versunken. Als Ali Daei, dieser riesige iranische Athlet, aufstand, um sein Jackett auszuziehen, dachte ich: Hoffentlich wird nun diese gesammelte sportliche Energie im Flugzeug dem Mann mit der Knochenmarks-Krebsaktie die Laune verderben, aber der sah nicht einmal hin und diktierte weiter. Ich sah hinüber zum Leitkultur-Heini, aber auch der wühlte ungerührt in seinen Zeitungen, ohne zu merken, dass gerade jetzt mit dem deutschen Spitzenligafußball, der aus Holländern, Brasilianern, Ungarn, Isländern (Eyólfur Sverrisson) oder Iranern bestand, ein wunderbares Beispiel multi-ethnischer deutscher Leitkultur um ihn herum Platz genommen hatte.

Ich richtete den Blick auf meinen Vordermann: Michael

Preetz, der Stürmer, der Kapitän. Er las Zeitung, nicht wie ich über Daums Haaranalyse, was man ja hätte denken können; nein, er las: »Die literarische Welt« – Seite für Seite die Artikel sorgfältig nach Überschriften auswählend. Zuerst las er über Bill Clinton und Elvis Presley, dann einen Aufsatz von Professor Görner mit dem Thema »Die Intellektuellen müssen eine neue Form der Weitläufigkeit entwickeln«, einen »neuen Kosmopolitismus«, vom Autor bekräftigt mit Zitaten von Voltaire, Wilhelm von Humboldt und Marcel Proust. Danach las Preetz noch etwas über polnische Gegenwartsliteratur und am Ende über Pasternaks Familienbriefe.

Am Montag darauf musste ich noch mal nach München. Ich saß im Flugzeug, ringsherum wieder jene Geschäftsleute, die einen an der Welt verzweifeln lassen. Ich hasste wieder das Fliegen und dachte an Preetz. Es war schade, dass er diesmal nicht vor mir saß. Ich las, wie immer eingeklemmt, einen Artikel über Pinguine, die, wie man herausgefunden hat, reihenweise in der Antarktis rückwärts umfallen, wenn ein Flugzeug über sie hinwegfliegt, weil sie dann ihr Gleichgewicht verlieren. Ich habe lange überlegt, wofür dieses Bild stehen könnte – und glaube mittlerweile, die Pinguine sehr gut zu verstehen.

2006:
DIE WM IM EIGENEN LANDE

1

Gott, der Kaiser und der Idiot (Drei dramatische Szenen von der Suche nach dem Bundestrainer)

Prolog:

Die Weltmeisterschaft 2006 im eigenen Lande, was gibt es Schöneres? Und was Größeres für einen Fußballtrainer? Lange Zeit sah es in Deutschland allerdings so aus, als würde keiner, außer einem, wollen. Zuerst trat also Rudi Völler von seinem Amt als Bundestrainer zurück. Dann fragte man Ottmar Hitzfeld, der jedoch ablehnte. Dann Otto Rehhagel, jenen Held der Griechen, der gerade in Portugal mit Griechenland Europameister geworden war, aber auch absagen musste. Man suchte erstmals in der Geschichte dieses Landes sogar im Ausland nach einem Bundestrainer! Und am Ende sah es so schlimm aus, dass es, wie der Dramatiker Friedrich Dürrenmatt sagte, auf die schlimmste aller möglichen Wendungen hinauslief.

Hier nun das Drama der Ereignisse. In den tragenden Rollen: Franz Beckenbauer, die Lichtgestalt, die man zum Kopf der Trainerfindungskommission (TFK) ernannt hatte. Lothar Matthäus, Rekordnationalspieler und zu der Zeit Trainer der Ungarn mit irgendeiner ungarischen oder ukrainischen Blondine. Kurz vor Beginn des Dramas fährt Otto Rehhagel direkt vom glorreichen Heldenempfang im Panathinaikonstadion von Athen nach Kampen auf Sylt.

Erste Szene.

Beate und Otto Rehhagel beim Frühstück in Kampen auf Sylt, in ihrem Lieblingshotel. Es ist Samstag, 8 Uhr 30.

OTTO: *(Immer noch im Trainingsanzug mit Medaille um den Hals)* Ich kann's immer noch nicht glauben, Beate, ich bin Europameister! Ausgerechnet mit Griechenland! Europameister, Beate! Mit Griechenland! Die Bildzeitung hat mich mit Sokrates verglichen, Sokrates, Beate! *(Nimmt vor Beate eine Pose ein, als sei er eine in Stein gehauene Büste)*

BEATE: Ottochen, setz dich vernünftig hin und iss!

OTTO: *Gazzetta dello Sport* schreibt »Gotto!«, nicht Otto, sondern »Gotto«, Beate! Dir gebenüber sitzt Gotto in Kampen beim Frühstück, das ist doch was? *(Nimmt wieder die Büsten-Pose ein)*

BEATE: Otto, bitte ...

OTTO: In Kampen wie in Athen: Zeitlebens die Busspur benutzen! Zeitlebens und darüber hinaus ich auf der Busspur, du auch, Beate. *(Starrt sein Frühstücksei an)* Warum kommt das Ei nicht zu mir? *(Beugt sich über das Ei)* Komm zu Gotto!

BEATE: Mensch, Otto, wenn das die anderen Kurgäste sehen ...

OTTO: Los Ei, roll zu Gotto! *(Das Ei bleibt bewegungslos liegen)* Muss ich mich denn nach diesem Scheißei strecken, Beate? *(Lacht)* Wenn ich Bundestrainer bin, kommen alle Eier zu mir! *(Lacht heftiger)* In München auch nur die Busspur benutzen! Hoeneß bleibt im Stau stecken und beißt sich in den Hintern, wenn ich an ihm vorbei auf der Busspur ... Du, ich stell, wenn ich Bundestrainer bin, keinen einzigen Bayern auf, keinen! Nicht mal Müller-Wohlfahrt! *(Lacht noch heftiger)* Ich guck mal nach beim FC Augsburg!

BEATE: Reiß nicht so an der Tischdecke! Wir sind hier nicht zu Hause ...

OTTO: Beckenbauer auch im Stau!! Ich krieg mich gar nicht wieder ein! *(Rehhagel ahmt die Geräusche seines Autos nach und spielt Gotto auf der Busspur)* Rrrrnn. Rrrrrrrnnn, na, Franz, blöder Stau, was? Mach's gut, du Kaiser von Kitzbühel ... Rrrrrrrrrrnnnn! Rrrrrrrrrrrrnnnnn! Tschüss. Und zisch ... *(Sinniert plötzlich wie einst Sokrates)* Beate, ich überlege gerade, was ich dem DFB bei der Vertragsunterzeichnung sage ... *(Lacht auf)* Ich hab's! Ich sag zu Mayer-Vorfelder: »Pass mal auf, du alte Schampus-Tucke, du unterzeichnest jetzt auch mal eben hier ein Papier, wo geschrieben steht, dass du dich nie mehr über Fußball äußerst.« *(Brüllt vor Lachen. Plötzlich abrupt ernst)* Wenn ich Bundestrainer bin, reaktivier ich Andy Brehme! Wir spielen ohne Spitzen, geht nicht anders. *(Visioniert in die Dünen blickend, als ob der Sportreporter Töpperwien vom ZDF vor ihm sitzt)* Brehme mit Kutzop und Votava hinten, hinten Sechserkette, verstehst du, Töpperwien?

BEATE: Ich bin nicht Töpperwien!

OTTO: Lebt Briegel noch? Hans-Peter Briegel, na, die werden sich wundern! Den Rest nehm ich von den Griechen, »Gotto baut aus griechischer Rippe 11 deutsche Adams ...« Oder so: »Rehakles entzaubert Brasileros mit neuem System aus 7-3-Null!« *(Hüpft um den Kampener Tisch wie durch das Estádio da Luz in Lissabon)*

BEATE: Otto, du bist nicht Rumpelstilzchen, nun is' mal gut, nun is' Urlaub! *(Haut auf den Tisch)* Hör zu, Ottochen: DU WIRST NICHT BUNDESTRAINER! Tut dir nicht gut!

OTTO: *(Verschluckt sich am Ei)* Wie bitte?

BEATE: Geh in die Düne, und denk nach. Und nimm dir die Jacke mit, es regnet, Gotto!

Er geht protestlos in die Düne. Nach einer Weile kommt er weinend zurück.

OTTO: Beate ... Beate!?

BEATE: *(Streichelt ihn)* Soll ich Beckenbauer anrufen oder tust du es?

Zweite Szene.

Es ist Samstagnachmittag. Der oberste Findungskommissar Beckenbauer mit seiner derzeitigen Lebensgefährtin bei Kaffee und Zwetschgenkuchen in Herzogenaurach kurz vor einem Adidas-Empfang auf der Terrasse.

BECKENBAUER: Herrlicher Ausblick! *(Beißt in den Zwetschgenkuchen)* Spatzl, weißt du, wie viel ich krieg', dafür, dass ich der Kopf der TFK bin, Trainerfindungskommission, abgekürzt TFK? *(Lacht)* Ich les *Bild* und das nennen die Kopf der Kommission! *(Schüttelt sich)* Bundestrainer?! *(Schüttelt sich noch mehr)* Mit dieser Gurkentruppe!! In zwei Jahren, nach der Vorrunde bei der WM, ist der Rehhagel wieder da, wo er hingehört: Rot-Weiß Essen! *(Blickt kaiserlich über Herzogenaurach)* Die werden scheitern. An Albanien! An Albanien oder Moldawien scheitern ... *(Lächelt. Schaut seine derzeitige Lebensgefährtin an)* Puder mir die Stirn! Ich hab' gleich noch 'n TV-Spot!!

Sein Handy klingelt.

BECKENBAUER: Beckenbauer! ... Servus Otto, grüß Gott! Du, die *Bild* hat dich mit Sokrates verglichen *(lacht),* na ja, ein bisschen übertrieben *(ernster),* ich bin ja mal mit Goethe gleichgesetzt worden, schau'n mer mal. Ich ess grad Zwetschgenkuchen, gibt's in Griechenland ja gar nicht *(lacht),* da muss der Otto schon nach Deutschland kommen, was? Mal im Ernst, wer sonst soll's richten? Fünf Millionen, geht klar, du, der Gerhard, meine derzeitige Lebensgefährtin sagt immer Gerhard Mayer-Nachfolger-bitte *(lacht),* na ja, Scheißwitz, Frauen und Fußball, wurscht. Im DFB räum ich bis Weihnachten auf, keine Sorge. Stell dir vor, wir haben eine WM, zwei Präsidenten, aber null Bundestrainer! *(Brüllt vor Lachen)* Otto, aber wir beide, wir richten's! Bedenk, dass du aus Essen kommst und jetzt Bundestrainer ... Was warst du noch? Manndecker? Vogts war linker Verteidiger, immerhin, aber Manndecker? Einen Manndecker hatten wir noch nicht, Honecker war Dachdecker ... Wie? *(Er stoppt)* ... Was sagst du da, Otto? Was?? *(Lässt den Hörer sinken. Ihm fallen Zwetschgen aus dem Mund)*

SEINE DERZEITIGE LEBENSGEFÄHRTIN: Ist dir nicht gut?

BECKENBAUER: Wann kommt bei uns zu Hause die Müllabfuhr?

SEINE DERZEITIGE LEBENSGEFÄHRTIN: Wieso?

BECKENBAUER: Lothars ungarische Handynummer!

Er bricht fluchtartig ohne TV-Spot und Adidas-Empfang

und die Zwetschgen gänzlich ausspuckend auf, zur Mülltonne.

Dritte Szene.

Lothar Matthäus und irgendeine ungarische oder ukrainische Blondine im Schlafzimmer. Eine Nacht wie viele Nächte.

MATTHÄUS: Ich kann nicht schlafen.

BLONDINE: Soll ich noch mal?

MATTHÄUS: Nein. Gib mir mal eben deine Puppen.

Er nimmt eine Puppe.

MATTHÄUS: Guck mal, das ist jetzt Morten Olsen, der Däne!

Er starrt die Puppe finster an, will mit der Puppe Voodoo machen, verwechselt es aber mit Judo und ringt die Puppe mit unfairen Mitteln nieder. Am Ende reißt er ihr den Kopf ab.

BLONDINE: Spinnst du?

MATTHÄUS: Morten Olsen wird nicht mehr Bundestrainer! *(Nimmt noch eine Puppe)* Guck mal, Guus Hiddink! *(Spuckt die Puppe an)* Holländer!! *(Wischt sich mit der Puppe den Hintern)*

BLONDINE: Spinnst du? *(Weint)*

MATTHÄUS: Schade, dass du nicht noch 'ne Puppe hast, sonst mach ich auch Hitzfeld fertig. *(Spült Hiddink im Klo hinunter)* Heul hier nicht rum, wir spielen jetzt ARD-Studio. Du bist Waldemar Hartmann und ich Lothar Matthäus, wer sonst? Frag!

BLONDINE: Was?

MATTHÄUS: Mann, irgendwas! Dass ich Bundestrainer bin!

Sie weiß nicht, was sie fragen soll. Matthäus antwortet daher ohne Frage.

MATTHÄUS: Waldemar, das wurde von den Medien hochsterilisiert. Ich bin selbstkritisch, auch mir selbst gegenüber, und werde immer vor der Mannschaft stehen.

BLONDINE: Hinter!

MATTHÄUS: Was?!

BLONDINE: Hinter, nicht vor!

MATTHÄUS: Sei ruhig! – Waldemar, wir wollen im eigenen Land den Titel, alles andere ist primär. Nach dem EM dürfen wir jetzt nicht den Sand in den Kopf stecken, sondern kompakt nach vorne gucken. Wir sind eine gut intrigierte Truppe, aber: Auch die anderen können Fußball spielen, ich habe immer verbal gesagt: Wir müssen Eier zeigen. Im eigenen Land die WM, Waldemar, das sind Gefühle, wo man schwer beschreiben kann.

BLONDINE: Die!

MATTHÄUS: Wie?!

BLONDINE: Die, nicht wo!

MATTHÄUS: Sei still, du bist blond. Ein Spiel dauert 90 Minuten.

Matthäus' Handy klingelt.

MATTHÄUS: Lotttdddaar Matthäus! ... Franz!!!!!! *(Zur Blondine)* Es ist Beckenbauer!!

Sie weint fürchterlich. / Ende.

2

Zu Gast bei Freunden
Bericht zur Lage der Nation (59 Tage vor der Fußballweltmeisterschaft in Deutschland)

Vor ein paar Tagen saßen im Fernsehraum der Sauna am Berliner Europacenter etwa dreißig Männer in Bademänteln, tranken Bier und sahen das Spiel Kaiserslautern gegen Hertha, es war wirklich wie früher beim Fußball, als die Welt noch in Ordnung war, Fritz-Walter-Stimmung.

Plötzlich fing der Torwart von Hertha eine Flanke ab. »Den Fiedler!«, schrie einer und sprang auf. »Den Fiedler müssen wir nehmen für die WM, den Fiedler!«, dabei ging ihm der Bademantel auf, was er gar nicht merkte, und dann kam das Unvermeidliche: dreißig Männer diskutierten erhitzt das deutsche Torwartdrama, alle in offenen Bademänteln.

Irgendwann stand ich auf und sagte: »Ruhe! Kahn hin, Lehmann her, ich freu mich auf die WM und den Sommer.« Die Diskussion wurde sofort gestoppt, alle hüllten sich wieder anständig in ihre Bademäntel und blickten stumm auf ihre Bierdeckel, während es draußen hagelte. Man hörte nur noch den Hagel.

»Warum reden wir eigentlich permanent vom Torwart?«, fragte ich nach einer Weile. »Ich glaube, wir könnten Weltmeister werden, sogar mit Fiedler, wenn's sein muss. Der deutsche Fußball wandelt sich gerade.«

Jetzt ging es richtig los ... Und man kann es so zusammenfassen: Wir sind derzeit ein Land, das laut der Saunamänner nicht mal einen linken Verteidiger hat, der mit links schießen kann. Noch nie habe es das gegeben! Ein Linksverteidiger, der nicht mit links schießen kann, was solle sich da bitte zum Besseren wandeln? Und das bei der WM im eigenen Lande! Freude kam jedenfalls keine mehr auf in der Fritz-Walter-Sauna.

*

Es wird oft gesagt, eine deutsche Nationalmannschaft spiegele bei großen Turnieren auch immer den Zustand des Landes wider. Sepp Herberger und Adenauer stünden für die Gründungsmythen und keinerlei Experimente; Willy Brandt und Helmut Schön für »Mehr Demokratie wagen« oder Kohl und Beckenbauer für Sätze wie »blühende Landschaften« und die Deutschen seien »auf Jahre hinaus unschlagbar« nach der Wende und dem WM-Sieg 1990. Und Kohl und Jupp Derwall oder Berti Vogts stünden für Höhen und Tiefen, alles beleidigt oder behäbig hinnehmend. (»Das Spielfeld war zu lang für Doppelpässe«, sagte einmal Berti Vogts. Und Derwall warf sogar Bernd Schuster aus der Mannschaft, weil der nicht zur Einweihungsparty des neuen Hauses von Hansi Müller gekommen war.)

Wofür aber stehen Jürgen Klinsmann und Angela Merkel? Vermutlich wäre es einfacher, Klinsmann und Gerhard Schröder in einem Atemzug zu nennen, weil damit mehr über einen Zeitenwechsel gesagt wäre. Schröder übernahm eine Politikkonzeption, die sich in sechzehn Jahren darin eingeübt hatte, dass Deutschland eben Deutschland sei und ewig so bleiben werde: Die sichere Rente ist eine sichere Rente und der rheinische Kapitalismus das ewige Modell, auch für die Weltwirtschaft. Und wenn sich etwas Dunkles, global Bedrohliches abzeichnete am Horizont, dann sollte Deutschland das nicht sehen, und Kohl warf sein riesiges Jackett einfach über den Horizont.

Ähnliches tat der deutsche Fußball. Er zehrte von großen, historischen Siegen, von alten Systemen, schlug noch Jahre Bälle aus dem eigenen 16er nach vorne, während andere Länder bereits mit Viererketten, Doppelsechs, Rauten und One-Touch-Kombinationen spielten. Die Fußball-Systeme haben sich in den letzten fünfzehn Jahren fundamental gewandelt, ohne dass es hierzulande zur Kenntnis genommen worden wäre, denn auch unsere DFB-Präsidenten hatten große, die Welt verdeckende

Sakkos. Man stellte im Training Hütchen auf, ließ die Spieler durch deutsche Wälder rennen, während andere Länder und Vereine ausgeklügelte Fitnessprogramme entwickelten, um sogenannte Laktat-Schwellen zu perfektionieren.

Und auch Rudi Völler war am Ende wie Helmut Kohl, wie aus einer anderen Zeit. Und Klinsmann wird am Ende vielleicht eher sein wie Schröder. Wenn man die Reform nicht wagt, bleibt man stecken. Wenn man die Reform aber wagt, bleibt man in Deutschland vielleicht auch stecken. Schröder hat es erlebt. Ich bin gespannt, wie weit Klinsmann damit kommen wird.

*

Kürzlich war ich bei einem Bundesligaspiel in Bremen, und ein paar Sitze weiter saßen Klinsmann und sein Co-Trainer Joachim »Jogi« Löw. Löw schaute immer auf einen Laptop und selten auf das Spielfeld, und Klinsmanns Gesichtszüge erhellten sich nur, wenn er auf Löws Laptop sah. Oliver Bierhoff, der Teammanager der Nationalmannschaft, hat kürzlich erklärt, dass ein Gespräch zwischen ihm, Löw und Klinsmann »Conference-Call« heiße und dass man Spiele heutzutage ohnehin ganz anders durchplane. Darum haben sie jetzt auch Decodierungsprogramme mit einer Analyse-Software, die jede WM-Mannschaft in ihre Einzelteile zerlegt. Klinsmann sagt, dass jeder Spieler auf Sardinien im Trainingslager eine persönliche DVD mit einem Film bekommt, der in 3-D-Animation zeigt, was ganz individuell gegen Costa Rica, Ecuador oder Polen auf ihn zukommen wird.

Trainer sind heute vermutlich auch Videokünstler, auf

jeden Fall arbeiten sie moderner, sagt Bierhoff. Fabio Capello, der derzeitige Trainer von Juventus Turin, habe sogar eine Managementausbildung bei Berlusconi gemacht ... Also: Analyse-Software, PowerPoint, Laktat-Schwellen, Capello, nicht Gerhard Mayer-Vorfelder mit dem DFB voller Hütchen, schließlich hat Kanzler Schröder auch lieber globale Märkte beobachtet als die SPD-Ortsvereine.

Ja, wenn man die Reform nicht wagt, bleibt man stecken. Wenn man die Reform aber wagt, bleibt man in Deutschland vielleicht auch stecken ...

*

Die Deutschen freuen sich wahrscheinlich nur dann auf etwas, wenn sie am Ende siegen werden. Zählen im eigenen Lande denn nicht Charme, Gastfreundschaft, der Blick auf eine offene, vielleicht gewandelte Nation, sondern nur der Sieg? Können wir der Welt nur durch Siegen zeigen, wer wir sind?

Nun hat gerade der bedauernswerte, zur Nummer 2 degradierte Oliver Kahn in einem Interview erklärt, es sei ihm egal, wie man gespielt habe, er wolle den Erfolg. »Egal, wie eure Ehe ist, wir wollen Enkelkinder«, diesen Satz habe ich in deutschen Familien auch schon gehört.

Statt dass man nun sagt, okay, wir haben mal wieder im Staat die Reform verpasst, verpassen wir es jetzt bloß nicht, den Gästen für die WM die Tür aufzumachen! Und dabei mal zu lächeln!

Wenn ich mir etwas wünschen könnte für die WM, dann wäre das so eine Art Last-Minute-Fitnessprogramm fürs Lächeln in 3-D-Animation. Wir brauchen für die WM einfache bessere Laktat-Schwellen fürs Lächeln!

Kein verstörtes deutsches Lächeln, in dem schon der ganze Zwang zum Siegen abzulesen ist, sondern ein entspanntes, ehrliches, tief atmendes Lächeln. Auch in der Fritz-Walter-Sauna!

Und jeden Tag müsste *Bild* diesen Satz drucken: LIEBE DEUTSCHE MITBÜRGER! WIR HABEN EINE MANNSCHAFT IM UMBRUCH, IN DER ZWAR DER LINKE VERTEIDIGER NICHT MIT LINKS SCHIESSEN KANN, ABER WIR STEHEN KURZ VOR DER REFORM. UND FREUEN UNS AUF DIE ANDEREN NATIONEN. ZU GAST BEI FREUNDEN!

Ich glaube, wir können es schaffen. Noch neunundfünfzig Tage.

3

Danach esse ich Maultaschen!
(Dramatische Szene aus dem modernen Fußball-Leben,
5 Tage vor der WM)

Prolog:

In fünf Tagen beginnt die WM in Deutschland. Der deutsche Bundestrainer Jürgen Klinsmann weilt immer noch bei sich zu Hause in Kalifornien, weil es in Deutschland komischerweise schneit. Jogi Löw, der Co-Trainer, nutzt die restlichen fünf Tage zum Wandern im Schwarzwald. Sepp Maier, der Torwarttrainer, hockt niedergeschlagen daheim, seit Klinsmann in Kalifornien entschieden hat, dass der Torwart-Titan Oliver Kahn nicht mehr die Nummer 1 ist. Oliver Bierhoff, der Teammanager, sitzt in seinem

Büro am Starnberger See gut frisiert vor seinem Laptop und starrt auf www.fifaworldcup.com. Bierhoff befindet sich gerade im »Customer Self Service« und versucht, ungefähr 500 WM-Tickets, die auf seine Mutter ausgestellt sind, Freunden und Werbepartnern zu übertragen. Britta, seine Sekretärin, kommt vorsichtig herein.

BRITTA: Herr Bierhoff, entschuldigen Sie die Störung. Herr Klinsmann hat eine SMS geschickt. Er bleibt drei Tage länger in Kalifornien. Ist so schönes Wetter.

BIERHOFF: Ah ja. *(Drückt auf seiner imposanten Telefonanlage den Knopf »Mama«)* Mama, ich hasse die FIFA! Bei jedem Ticket, das ich anderen übertrage, muss ich angeben, dass du krank bist. Eben habe ich aber aus Versehen »Tod« angeklickt. Ich habe der FIFA gerade eine E-Mail geschickt, dass du tot bist, Mutti. Geh bitte bis zum 9. Juli nicht mehr ans Telefon! Du musst bis zum Finale tot sein, Mama, sonst kriegt der Typ von Krombacher die Tickets nicht! *(Legt auf. Zu Britta)* In 10 Minuten ist Conference-Call. Wo ist Jogi?

BRITTA: Im Schwarzwald. Wandern. *(Kämpft mit den Tränen)*

BIERHOFF: Was ist, Britta?

BRITTA: Heute vor drei Wochen hat Kahn mit seinem Audi Köpke überfahren.

BIERHOFF: Ja, das war schlimm. Wir hätten die Autos der Spieler nicht mit nach Sardinien ins Trainingslager nehmen dürfen.

Bierhoff drückt drei rote Knöpfe auf seiner Telefonanlage. Als Erster meldet sich Sepp Maier, der nach Köpkes Ende durch Kahns Audi wieder als Torwarttrainer von Klinsmann zwangsverpflichtet worden ist.

SEPP MAIER: Grüß Gott.

BIERHOFF: Hi, Sepp. Wie geht's?

SEPP MAIER: Ich mach das nicht mehr mit. Ich halt Lehmann nicht mehr aus ... Ihr wisst, ich bin ein Spaßvogel, aber ich steh den ganzen Tag alleine mit Lehmann aufm Platz. Die Hölle! Nach jedem Ball guckt der erst mal fünf Minuten, ob Kahn irgendwo in der Gegend Auto fährt.

BIERHOFF: Kahn ist doch in U-Haft.

Die Jogi-Löw-Lampe leuchtet auf.

JOGI LÖW: Hallo Olli, hallo Sepp. Hier ist der Jogi. Seid ihr fit?

BIERHOFF: Meint ihr, die FIFA ruft bei meiner Mutter an und fragt, ob sie tot ist?

JOGI LÖW: Ich hab den Ego-Shootkicker für unser Gruppenspiel gegen Polen!

Man hört Löw auf seinem Laptop herumhacken.

SEPP MAIER: Was hat er??

Jogi Löw: Total toll! Ich spiel grad, 11. Minute! Mannomann! Dieser Zurawski! *(Hackt)*

Bierhoff: Pass auf Zurawski auf, Jogi! Räume eng machen gegen Polen! Wart mal, ich mach meins auch mal an. *(Klickt sich aus der FIFA-Worldcup-Seite und klickt auf den Button »High Tech Egoshoot-Powerkick«)*

Bierhoff: Als wer hast du dich eingeloggt, Jogi?

Jogi Löw: Arne! Ich bin mit Arne Friedrich eingeloggt! Ich hab echt Probleme mit Zurawski!

Bierhoff hackt jetzt ebenfalls auf seinem Laptop herum. Sepp Maier wird unruhig.

Bierhoff: Ich bin jetzt Per Mertesacker! Ich hab mich mit Per eingeloggt!

Jogi Löw: Mir ist schon ganz schummrig ... Versuch du, Zurawski zu stoppen! Theoretisch waren wir doch mal 'ne homogene Viererkette!

Sepp Maier: Is jetzt nicht Sitzung? Hallo?

Jogi Löw als Arne Friedrich und Bierhoff als Per Mertesacker hacken wie irre auf ihren Laptops herum.

Britta: Herr Maier, hören Sie mich? Hier spricht Britta, wir haben doch jetzt Hightechpowerkick. Wir spielen grad gegen Polen!

Sepp Maier: Ich will nicht mehr mit Lehmann ... Nach jedem Schuss sagt der zu mir: »Hör mal, du Weißwurst! Lehmann ist der erste deutsche Tormann eines neuen Zeitalters, und weißt du, was Training mit Sepp Maier ist? Brumsumsel!«

Britta: Was??

Sepp Maier: Brumsumsel! Dieser Saubatzi! Ich bin die Katze von Anzing!

Jogi Löw: Ich logg mich komplett aus! Polen führt!

Bierhoff: Bei mir auch! Ich drück auf Interruption!

Sepp Maier: Wie wär's mal mit Training aufm Rasen?!

Bierhoff: Ruhe, Sepp! Geh doch mit'm DFB kegeln!

Die Klinsmann-Lampe leuchtet auf.

Klinsmann: Hallo, Jungs. Wie isses? Schneit's in Deutschland? *(Lacht)* Sorry für die kleine Verspätung. Ich hab meine Badeschlappen am Strand nicht gefunden. Über den Sand kannste hier nicht laufen, echt irre heiß. Plötzlich seh ich hinterm Kiosk Reporter. Ganz Huntington Beach voller Reporter! Debbie, hab ich gesagt: Ich muss das Privatleben abschirmen, family-life must be secret, my father Siegfried from Stuttgart-Botnang always said: Jürgen, the family nach außen abschotten! Ich und Debbie tauchen also ab in den Pazifik! Rübergeschwommen zum Hyatt-Hotel, raus aus'm Pazifik und rein mit Badehose und Bikini ins Taxi. Kann man ja hier alles machen in Kalifornien. Mit der Taxe am Supermarkt Eldorado vorbei, die haben super Maultaschen. Ich sag zu Debbie: Do you like after swimming through the Pazifik Maultaschen from Eldorado? Okay, ich raus, in Badehose schon an der Kasse, seh ich doch so 'n kleinen Hund für 40 bucks!, 'nen echten! Ich zur Kassiererin: I give you twenty for the dog! Sie: Sorry, Discountprices! I said: My name is Klinsmann, every day I take this fucking Maultaschen from Eldorado, where is your boss? Ich verkürz das mal, Jungs: Ich mit dem Hund raus für 25 bucks! Debbie guckt mich an, links Hund, rechts Maultaschen, ich sag: for the Kids. Zu Hause sagt Leila sofort: O dad, thank you for the dog, can I call him Billy, the king? I said, no Leila, it's Lothar! *(Kriegt einen Lachanfall)* Welchen haben wir heute?

BRITTA: Den 4. Juni, Herr Klinsmann ... Am neunten beginnt die WM!

KLINSMANN: Ah, dann komm ich erst am achten.

BIERHOFF: Jürgen, ich hab grad Hightechpowerkick gespielt!

KLINSMANN: Wer hat gewonnen?

BIERHOFF: Polen! Ich war mit Mertesacker eingeloggt! Ich bin rumgeeiert wie 'n Fischbrötchen!

JOGI LÖW: Jürgen, gegen Polen müssen wir 'ne gute Taktik haben!

Sepp Maier: Jetzt sag ich mal was! Gegen Polen regnet's immer! 74, ich Abwurf auf Breitner, Breitner zu Grabowski ...

Klinsmann: Ah, Sepp, auch zugeschaltet, du olle Katze? Macht Spaß mit Lehmann? Mir war schon immer klar, dass der Jens die Nummer 1 ist! Ich mag den Jens, magst du den Jens auch, Sepp?

Sepp Maier murmelt vor sich hin.

Klinsmann: Hat Kahn in U-Haft eigentlich 'nen Fernseher für die WM? Zum Gucken? *(Kriegt wieder einen heftigen Lachanfall)*

Britta: Herr Klinsmann, grad kommt die Meldung, Kahn sagt nun doch »Ja zur Nummer 2«. Rummenigge will ihn aus der U-Haft freikaufen. Kahn sagt: »Nach allem, was geschah, geht es jetzt um Deutschland. Ich will Deutschland helfen.«

Es scheint, als ginge ein Ruck durch alle Leitungen.

Klinsmann: *(Denkt nach)* Britta! Schick Kahn 'ne SMS, dass ich mich freue. Und dass er die neue Nummer 3 ist! *(Brüllt vor Begeisterung)* Ha! Jungs, die Nummer 3 macht er nicht, wollen wir wetten? 100 Bucks? So, und jetzt sag ich euch mal, was Sache ist. Jens Lehmann ist neuer Kapitän! Ballack ist ja noch Bayern. Den Jens mag ich, Debbie ist für Jens, Leila auch, Leila mag Bayern nicht. Ich hab ihr mal erzählt, dass die Bayern böse Menschen sind. Wenn ich »Beckenbauer« sage, springt Leila vor Angst ins Bett. Ganz einfach, wenn Leila ungezogen ist, sag ich: »Leila, shall I call Beckenbauer from Germany together with Rummenigge?!« Dann zittert Leila. Knecht Ruprecht ist nix gegen Rummenigge und Beckenbauer, sogar die Nachbarskinder fürchten sich ganz arg.

BIERHOFF: *(Hackt wieder wie irre auf seinem Laptop herum)* Gegen Costa Rica auch verloren! Ich bin fix und fertig! Ich war Owomoyela!

KLINSMANN: Leila nennt den immer Ovomaltine! Ich nehm jetzt Odonkor!

BIERHOFF: Wen??

KLINSMANN: Odonkor!

JOGI LÖW: Wir müssen aber auch irgendwas hinten reinstellen! Noch fünf Tage!!

KLINSMANN: Mann, seid ihr verkrampft! Ich schick Kahn jetzt selbst 'ne SMS, dass er die Nummer 3 ist, das macht er nicht ... *(Man hört es tippen)*

SEPP MAIER: Am liebsten würd ich hechten und die SMS wegfausten mit einer Parade von der Katze von Anzing!

Man hört plötzlich ein gewaltiges Geräusch und dann ein Aufschlagen.

BIERHOFF: Alles in Ordnung, Sepp?

SEPP MAIER: Ich hab die SMS abgewehrt, Jürgen!

KLINSMANN: Echt?

SEPP MAIER: Ja, du Bratzbirne!

Man hört es erneut wütend tippen.

KLINSMANN: So! Peng! Zack! Send! Sims!

Allem Anschein nach hechtet Sepp Maier schon wieder, um die SMS an Kahn abzuwehren. Es scheppert und kracht. Dann Stille. Britta starrt auf die rote Sepp-Maier-Lampe, die an- und ausgeht.

BRITTA: Herr Maier? Hallo? *(Zu Bierhoff)* Das ist hier vielleicht eine Besprechung!

KLINSMANN: Echt gutes Wetter heute. Ich bleib noch 'nen Tag länger. Bis zum neunten!

Schweigen.

KLINSMANN: Seid ihr noch da? Eröffnungsspiele sind sowieso scheiße. Ich tipp aufn 0:0. Jogi, spiel mal eben Hightechpowerkick gegen Brasilien!

Jogi wird hysterisch.

BIERHOFF: Gegen Brasilien will er nicht. Jürgen, das ist auch meine Meinung, dafür stehen wir nicht kompakt genug!

KLINSMANN: Wieso? Mach mal halblang, mit Jens ist das kompakt! Ich mag den Jens. Der Jens und ich, wir haben denselben Anwalt, Kahns Anwalt kenn ich gar nicht. Hab ich dir erzählt, dass mich der Jens Anfang April besucht hat? Wir haben am Beach gekickt. Plötzlich kommt Hoeneß angelaufen, so hieß unser Hund vor Lothar. Ich sag zu Jens: »Hey, Nummer 1, weißt du, wie der Köter da heißt?« »Nee«, sagt Jens. »Hoeneß!«, sag ich. »Jürgen, kann ich mit Hoeneß mal Abschlag üben?«, sagt Jens. »Klar«, sag ich, »aber wir müssen aufpassen, dass Leila nicht guckt.«

BIERHOFF: Und dann?

KLINSMANN: Das war so ein geiler Abschlag! Dafür haben wir jetzt ja den neuen Hund. Lothar! Halbdackel. Hat schon 'nen Sonnenstich. Habt ihr euch mal die Frage gestellt, warum es immer so viel regnet in Deutschland? Leila sagt wegen Beckenbauer, aber ich glaube, dass das was mit der Einstellung zu tun hat. Ich bin immer optimistisch und hab immer gutes Wetter. Die Deutschen denken immer pessimistisch und haben schlechtes Wetter. Wenn ich gesagt hätte, wir werden nicht Weltmeister, hätt's in Huntington Beach wahrscheinlich auch geregnet. Hier werden sowieso alle jeden Tag Weltmeister. Hier musst du nur aufs Klo gehen, dann sagen die Leute: »Yeah, go for it!« Bist du noch da, Jogi?

JOGI: Ja.

KLINSMANN: Du auch, Olli?

BIERHOFF: Ja.

Klinsmann: Ich sag euch was. Ich komm gar nicht mehr nach Deutschland. Kennt ihr Hightechpowerkick in der kalifornischen Version? Da kann man sich die WM komplett runterladen. Absolut super. Da gibst du einfach ein paar Daten anders ein, bei Bernd Schneider hab ich Ronaldinho eingegeben. Sieht komisch aus, wie der jetzt läuft, aber spielt geil! Poldi hab ich mit Totti getunt! Macht ihr in Deutschland eure Depri-Veranstaltung doch alleine! Britta soll 'ne SMS an *Bild* schicken, dass ich hier bleibe. Ich bin echt optimistisch. Wenn ich meinen kalifornischen Laptop mitnehme, werde ich sogar in Huntington Beach auf dem Klo Weltmeister! Danach esse ich Maultaschen. Tschüss!

Die rote Klinsmann-Lampe geht aus.

Britta: Herr Klinsmann?

Bierhoff: Aus.

Jogi Löw: Olli?

Bierhoff: Jogi, die Lampe ist aus.

Stille. / Ende.

4

Die Pool-Novellen
(Meine Zeit als WM-Poolwächter der
deutschen Nationalmannschaft)

Im Mai 2006: Ein paar Wochen vor Beginn der WM im eigenen Lande erzählt mir eine tschechische Freundin, dass sie den Auftrag bekommen hat, mit zehn externen Reinigungskräften dem Schlosshotel im Grunewald während der WM auszuhelfen. Diese Freundin leitet die größte Reinigungsfirma in Berlin, und mir ist sofort klar, warum plötzlich mehr Personal benötigt wird. Im Schlosshotel im Grunewald wird die deutsche Nationalmannschaft wohnen! Noch am selben Tag reichen wir meine Personalien und die weiterer Reinigungskräfte beim Hotelmanagement ein, aber das genügt nicht. Vor allem der Sicherheitsstab der FIFA prüft meine Unterlagen. Schufa-Auskünfte, Innenministerium, BKA, Unbedenklichkeitsbescheinigung der Krankenkasse etc. ... Ich bin schon mit den Nerven am Ende, dann kommt Anfang Juni die Bestätigung. Ich bin zugelassen!
Zwei Tage vor der Fußballweltmeisterschaft beginnt mein Dienst am Pool des Schlosshotels im Grunewald.

I.

7. Juni.

Heute ist mein erster Tag als Poolwächter. Meine Aufgabe ist es, Blätter und Insekten, die in den Pool hineinwehen, mit einem Kescher herauszufischen, Handtücher auszuwechseln, die rot-weiß bezogenen Liegen nach Benutzung wieder liegefertig zu machen.

Ich darf leider nicht herumlaufen, natürlich würde ich gerne nachgucken, was sich in der Lobby oder an der Kaminbar tut, aber die Laufwege sind von der FIFA vorgegeben. Meiner geht von der Einfahrt an der Brahmsstraße und dem Checkpoint der FIFA direkt durch den Garten zum Pool-Bereich, ich darf keinen Meter von dieser Strecke abweichen, mein Gott, wenn wir doch nur den Kongo, Afghanistan oder den Irak so absichern würden wie die FIFA den Grunewald.

Am Pool sitze ich in schwarz-weißer Uniform auf einem erhöhten Stuhl, ähnlich wie die Schiedsrichter beim Tennis oder die Küstenwache an der Nordsee. Ich habe mir vorsichtshalber etwas zu lesen mitgenommen, John von Düffels Roman »Vom Wasser«, den will ich schon seit einiger Zeit lesen.

Es ist 9 Uhr 10: Oliver Kahn erscheint mit Schlosshotel-Badeschuhen und Bademantel! Ich nicke freundlich, Kahn nickt auch, dann taucht er mit Kopfsprung in den Pool, Wasser spritzt auf mein Buch. Jedem anderen Menschen würde ich was erzählen, der so in den Pool springt, dass mein Eigentum nass wird, aber jetzt bin ich ergriffen. Wasser, das Kahn verdrängte, auf von Düffels Buch!

Kahn krault vier Bahnen, nimmt den Bademantel, für das Gesicht ein Handtuch, das er anschließend auf die Liege wirft, und geht. Ich bleibe eine Weile regungslos auf meinem Sitz, dann steige ich herunter, nehme das Kahnhandtuch, um es vorschriftsmäßig in einen Korb für benutzte Badetücher zu werfen, dann habe ich einen Blackout. Ein Schwindelgefühl, vielleicht verursacht durch eine Form von Emotion, die ich von mir noch nicht kannte und welche die FIFA zu kontrollieren nicht imstande gewesen wäre.

Gut, ich war in meiner Jugend ein Fußballwahnsinniger, ich wollte Nationaltorwart werden, ich habe irgendwann angefangen, die Phasen meines Lebens im Rückblick an EM- und WM-Turnieren auszurichten. Wenn jemand fragt, was ich zum Beispiel nach dem Abitur gemacht habe, fällt mir immer erst einmal die von Toni Schumacher unterlaufene Flanke im Finale 1986 in Mexiko ein. Im Prinzip bin ich heute erwachsen, manche halten mich sogar für einen Intellektuellen, ich bin komischerweise auf der *Cicero*-Liste, auf der auch Habermas und Alexander Kluge sind, Platz 140, aber nun am Pool mit Kahns Gesichtshandtuch, ich weiß nicht …

Ich will mir das Handtuch plötzlich in die Hose stopfen! Am FIFA-Personal vorbei nach Hause schmuggeln! Bestimmt zwei Minuten stehe ich regungslos da, innerlich hin- und hergerissen. Ich halte mich weder für pervers noch habe ich etwas mit Devotionalien am Hut, ich glaube, es ist eher so eine Art Kampf zwischen Kontrolle und einer aus frühester Zeit heraufsteigenden Kindlichkeit, quasi ein Hin und Her zwischen der *Cicero*-Liste und jedem Kindheits-Duplo, das man wie ein Irrer wegen der Fußballklebebilder kaufte.

Ich stehe da mit Kahns Gesichtshandtuch, und es ist vielleicht der erste Moment, in dem ich wirklich begreife, wie viel mir Fußball bedeutet.

II.

Die deutsche Mannschaft hat im Eröffnungsspiel in München Costa Rica in der Gruppe A mit 4:2 bezwungen und auch das zweite Spiel in Dortmund gegen Polen durch ein spätes, umjubeltes Tor von Neuville mit 1:0 für sich entscheiden können.

15. Juni.

Am Tag nach dem siegreichen Polenspiel beginnt mein Dienst am Pool um 13 Uhr, die Mannschaft trifft erst am Mittag aus Dortmund ein.

Frau Felgner vom Schlosshotel hat mir noch am ersten Arbeitstag gesagt, dass im Pool der Schweden in Bremen eine ertrunkene Katze gefunden wurde von Tobias Linderoth, dem Abwehrspieler vom FC Kopenhagen, aber das hatte ich auch schon von meinem Vater gehört, ich komme ja aus der Gegend. Das Parkhotel Bremen hat eine weitläufige Wald- und Wiesenanlage, und der schöne Pool erstreckt sich vom Spa-Bereich bis in die Natur, vermutlich hatte die arme Katze Durst, so etwas darf mir hier natürlich nicht passieren, sonst schmeißt mich die FIFA achtkantig raus.

Ich habe mir zur Begrüßung der Deutschen etwas überlegt. Kurz vor dem Polenspiel bot mir ein türkischer Obsthändler am Maybachufer eine Deutschlandfahne an. Erst winkte ich ab, dann fragte er, warum ich denn von einem Türken keine deutsche Fahne nehme. Na gut, unter diesen Bedingungen konnte ich vielleicht meine erste Deutschlandfahne kaufen. Ich schaute noch schnell absichernd nach rechts und links, ob mich auch niemand sieht, und verlangte nach einer Tüte.

»Warum Tüte?«, sagte der Türke, »Fahne musst du gleich hochhalten gegen Polen!«

»Nein, Tüte bitte!«

»Er kauft Fahne mit Tüte«, sagte der Obsthändler verwundert zu seinem Partner und steckte mir noch eine Banane dazu.

So in der Öffentlichkeit kann ich einfach nicht. Ich freue mich, wenn die Deutschen ein gutes Spiel machen, aber Patriotismus mit mehreren zusammen, das kann ich irgendwie nicht.

Theoretisch finde ich Patriotismus sogar schön, aber angewendet, in der Praxis mit den Deutschen zusammen, da bin ich gehemmt, weil ich mir die Deutschen natürlich in dem Moment, in dem ich versuche, in Gemeinschaft Patriot zu sein, sehr genau ansehe. Das ist ja dann so eine Art Verschmelzung, man muss ja dann mit den Deutschen verschmelzen, und da guckt man sich halt vorher noch einmal alles genau an – wie im Bordell. Gute Schriftsteller sollen schließlich auch das Leben im Bordell studieren, aber da sitzt man dann fünf Minuten auf der Bettkante, guckt sich alles an, und dann kommt der Moment: nee, ich will doch eher eigentlich lieber nicht, so ein komischer aufgeblasener Busen und alles hau ruck – na ja, und so ähnlich geht mir das mit dem angewendeten Patriotismus in Deutschland.

Die Fahne hängt jetzt an meinem Schwimmmeisterstuhl, und offen gestanden möchte ich das nicht von außen sehen, wie ich in diesem Stuhl sitze, links die Fahne und dann dieser Typ in Uniform, der die ganze Zeit auf den deutschen Pool starrt, ob da vielleicht irgendwo was schwimmt, was nicht zur deutschen Mannschaft gehört.

Vielleicht kommt auch die FIFA und schraubt mir die Fahne wieder ab. Vielleicht darf ein Poolwächter nicht patriotisch sein?

14 Uhr 40, Gerald Asamoah tritt an den Pool. Ausgerechnet Asamoah aus Ghana, der sieht mich hier als Erster mit meiner Fahne, Bernd Schneider aus Jena oder

Hitzlsperger wären mir lieber gewesen. Ich oute mich das erste Mal als Patriot und dann kommt Asamoah aus Ghana an den Pool, wo ist die türkische Tüte?

Ich nicke freundlich mit dem Kopf, Asamoah nickt auch, springt in den Pool und schwimmt. Er singt dabei – und ich falle fast vom Stuhl – das Lied »Er gehört zu mir, wie mein Name an der Tür« von Marianne Rosenberg.

Macht der das extra? Ob er mich blöd findet mit meiner Fahne? Man singt doch nicht einfach »Er gehört zu mir, wie mein Name an der Tür«, da klingt doch ein versteckter Patriotismus-Vorwurf an, der latente Vorwurf vorschneller, unreflektierter Verschmelzung? Auf jeden Fall meine ich eine leichte Ironisierung vonseiten Asamoahs herauszuhören und überlege, am nächsten Tag auf der anderen Seite meines Stuhles eine Fahne von Ghana anzubringen, Asamoah soll wissen, dass ich weltoffen bin und dass ich ein Deutscher sein will, der kein Problem hat mit zwei Namen an der Tür. Andererseits: Er spielt ja für Deutschland, warum sollte er mich blöd finden und mir Vorwürfe machen? Und was ist das überhaupt für eine komische Welt? Man sitzt da als verkappter Patriot auf seinem Schwimmmeisterstuhl und unten schwimmt Asamoah von Schalke aus Ghana und summt die Rosenberg.

III.

Die deutsche Mannschaft hat gegen Ecuador mit 3:0 in Berlin gewonnen und qualifiziert sich als Gruppenerster für das Achtelfinale.

23. Juni.

Heute reist die Mannschaft nach München zum Achtelfinale gegen Schweden.

Als ich gestern die benutzten Handtücher von Lahm und Odonkor in den Händen hielt, da machte ich mir schon so meine Gedanken: Werde ich jemals wieder die Badehandtücher der Deutschen in den Wäscheraum tragen? Werden meine Badegäste jemals wiederkehren?

Ich mag Asamoah. Ich gestehe auch, dass ich mich entschied, zum zweiten Mal in meinem Leben ein Voodoo-Ritual durchzuführen. Das erste Mal habe ich es vor der Uraufführung meiner »Nibelungen« gemacht, die sind zwar bei den Hunnen untergegangen, aber die Uraufführung an sich, die lief gut. Ich habe einen magischen Mondstein aus Afrika, den mir ein Voodoo-Lehrer in einem spirituellen Theaterworkshop überreicht hat, als ich noch Angewandte Theaterwissenschaften in Gießen studierte. Damals legte ich ihn im Dom von Worms auf mein Manuskript und rief auf Moshi-Dagomba, das ist eine afrikanische Sprache, dreimal »Ayamayoto«, das heißt »Maisbrei« und bedeutet, es komme Ernte und Segen, Asamoah kennt das garantiert. Seit Tagen schon lag der magische Mondstein auf meinem Schwimmmeisterstuhl, nun legte ich ihn also in das Handtuch von Philipp Lahm und rief dreimal »Ayamayoto, Ayamayoto, Ayamayoto«! In dem Moment kamen die deutschen Spielerfrauen an den Pool.

Ich fasste es nicht, was machten die denn hier!? Gut, am Tag nach dem Spiel gegen Ecuador war Barbecue, die Frauen hatten im Schlosshotel übernachtet, das war Dienstag, aber nun war Donnerstag!

Petra Frings sprang sofort rein, Linn von Arne Friedrich auch; Lena, die Freundin von Borowski, testete noch die Temperatur, dann war schon Carina Schneider drin, mein Gott und ich kniete da am Beckenrand mit Lahms Badehandtuch und rief »Ayamayoto«, das hatten die doch bestimmt gehört! Simone Ballack guckte mich an wie einen Handtuchhalter und nahm mir kommentarlos das Voodoo-Tuch von Lahm aus der Hand. Dann sprang Sylwia Klose in den Pool, ich kniete immer noch mit meinem Mondstein am Beckenrand und mir gingen die unmöglichsten Kalauer für meine Novelle durch den Kopf: »EINE GEHT NOCH, EINE GEHT NOCH REIN!«, schwupp, schwamm Monika vom Poldi durch den Pool, danach die Michaela vom Nowotny!

Ich liebe Spielerfrauen. Ich rannte hin und her und holte immer mehr Badehandtücher, 23 Stück! Schon beim Spiel Schweden gegen Paraguay war ich begeistert, da saß ich unterhalb der schwedischen Spielerfrauen! 23 blonde Frauen, einige hielten Babys mit Lärmschutzkopfhörern in den Armen. Die Spielerfrauen haben ständig mit den Fans geredet, dabei die Kinder gestillt, Interviews gegeben, ihren Männern bei der Arbeit zugewunken. Spielerfrauen müssen alles sein: Vorzeigefrau, Mutter, Medienfrau, Seelsorgerin, Psychologin, Managerin. Lena, die Freundin von Borowski, studiert nebenbei auf Lehramt; Petra Frings ist leitende Innenarchitektin. Ja, die klassisch-moderne Frau ist Petra Frings! Dem Mann noch mit links das Gefühl geben, bewundert zu werden, zugleich voll auf der Höhe der Gender-Diskussion, aber eben nicht so verbissen. Nur mit solchen Frauen kann unsere Gesellschaft überleben!

Beim Spiel Deutschland gegen Ecuador habe ich im Stadion mit meinem Fernglas die Ehrentribüne beobachtet.

Merkel wieder ohne Mann. Der Regierende Bürgermeister Wowereit wenigstens mit Freund, aber der saß da bauchfrei herum, Zustände sind das, weit und breit auf jeden Fall keine klassisch-moderne Frau auf der Ehrentribüne! Und nirgendwo ein deutsches Baby.

So sah ich lieber noch eine Weile meinen Badegästen zu. Ayamayoto!!!

IV.

Die deutsche Mannschaft hat Schweden durch ein tolles Spiel und Tore von Podolski mit 2:0 besiegt und sich verdient für das Viertelfinale gegen Argentinien qualifiziert.

30. Juni.
Heute ist Abfahrt ins Berliner Olympiastadion, Viertelfinale gegen Argentinien.

Aber noch ein Wort zur ersten Halbzeit gegen Schweden, das war doch unglaublich? Es war fantastisch! (War da etwa mein Voodoo-Stein mit im Spiel? Selbst Beckenbauer schaute auf der Tribüne so irre überrascht, als ob er auch denken würde, Mensch, da ist doch Magie im Spiel!)

Die letzten Tage wurde viel trainiert, kaum gebadet. Dienstag früh kam Lehmann, lächelte sehr freundlich und schwamm in Ovalform durch meinen Pool. Lehmann hat ja viel gewonnen, finde ich. Manche werden mit dem Erfolg unsympathischer, Lehmann nicht, Lehmann ist mir immer sympathischer geworden. Kahn eigentlich auch. Kahn war ja am ersten Tag bei mir im Becken, Dienstag hatte er Durchfall.

Gestern Morgen kam Sönke Wortmann, der Regisseur, der gehört zur deutschen Mannschaft, der ist mit der Handkamera überall dabei. Wortmann habe ich einmal auf einer SPD-Party kennengelernt. Als er an den Pool kam, habe ich mir schnell das Badehandtuch von Lahm über den Kopf geworfen, damit er mich nicht erkennt. Ein Wort von ihm über meine wahren Absichten und man schmeißt mich raus.

»Bist du die Vogelscheuche von der FIFA-Security«, rief Wortmann.

»Nein«, antwortete ich, »ich hab morgens manchmal 'ne Lichtallergie«, dann hörte ich so ein komisches Klicken, hoffentlich, dachte ich, komme ich jetzt nicht als Vogelscheuche von der FIFA mit in den Film.

Als Wortmann gegangen zu sein schien, nahm ich vorsichtig das Handtuch weg und sah in der Ferne im Schlosshotel-Garten Kahn und Lehmann, ebenfalls mit Badehandtüchern. Panik überfiel mich! Kamen die jetzt etwa zusammen in meinen Pool? Ich überlegte kurz, das ganze Wasser abzulassen, damit kein Unglück geschah so kurz vor dem Viertelfinale gegen Argentinien, ich glaubte plötzlich, Haie zu sehen, dann suchte ich den Grund des Pools nach einem Stöpsel ab.

Vielleicht bin ich auch zu emphatisch für den Profisport. Ich habe mir lange Bilder von Kahn aus dem Schwedenspiel angeschaut. Ganz allein auf der Bank, die Plätze neben ihm frei, in seinem eigenen Stadion als Nummer zwei. Kein Wunder, dass man da Durchfall bekommt. Vermutlich bin ich sentimental, aber ich fühle mit Kahn und vergleiche ihn mit Bruno, dem derzeit berühmtesten Bären Deutschlands, dem Titan unter den Raubtieren, der vor laufenden Fernsehkameras in Bayern erschossen wurde.

Ich habe sogar schon Kaugummis auf meinen Schwimmmeisterstuhl gelegt für den Fall, dass Kahn noch mal kommt und wieder kauend schwimmt, wie am ersten Tag. Ich will mir dann auch schnell einen in den Mund stecken und so Kaugummi kauen wie Kahn, damit er sich wenigstens in meinem Pool aufgehoben fühlt und nicht alles so kalt ist wie auf der Bank.

Ich wurde auch einmal auf die Bank verbannt. Noch beim TSV Worphausen, das war die Zeit, bevor ich zum FC Worpswede als Stürmer wechselte. In Worphausen war ich Torhüter bis zur D-Jugend, ab der C-Jugend spielt man auf große Tore, die sind zwei Meter vierundvierzig hoch, aber wie groß war ich in der C-Jugend? Einseinundfünfzig! Tragisch. Ich war die Nummer eins, Verbandsauswahl, ich war bei Preußen Münster zum Probetraining, ich wurde von Dieter Burdenski, der Torhüterlegende von Werder Bremen, gefördert, aber plötzlich war ich die Nummer zwei, im Vereinsheim mitgeteilt vom Co-Trainer, drei Sätze, eine Zahl, einseinundfünfzig, Schluss.

Das FIFA-Sicherheitspersonal untersagt es, mit den Spielern zu sprechen, aber wenn Kahn an meinen Pool kommt, steck ich mir erst den Kaugummi in den Mund und dann, wenn wir beide erst mal ein bisschen gekaut haben, werde ich ganz ruhig sagen: Lieber Olli, du musst nichts erwidern, aber ich will dir sagen, dass ich weiß, wie das ist. Einen Tag bist du beim Probetraining bei Preußen Münster, am nächsten gilt das alles nicht mehr. Du darfst noch eine kleine Ansprache vorm Spiel gegen Polen halten und dann sitzt du allein im Vereinsheim von Worphausen und bekommst Durchfall, während die anderen den Titel holen.

Auch wenn mich die FIFA danach durchs Schlosshotel

jagen wird wie Bruno, den Braunbären, durch Bayern, ich werde es ihm sagen.

Als ich gerade noch nachsehen wollte, wo denn Kahn und Lehmann im Garten geblieben waren, kam plötzlich Jogi Löw an meinen Pool.

»Bist du der Typ mit diesem Ayamabumsda?«

Ich zitterte.

»Wo ist der Voodoo-Stein?«

»In meiner Hosentasche, Herr Löw«, antwortete ich.

Und dann, ich schwöre, fragte er: »Kannst du ihn uns geben? Wir wollen ihn auf die Bank legen gegen Argentinien.«

Ins Stadion nehme ich heute wieder mein Opernglas mit. Wenn Kahn wieder allein auf der Bank sitzt, vielleicht liegt dann mein Mondstein neben ihm.

V.

In einem dramatischen Spiel hat die deutsche Mannschaft Argentinien im Elfmeterschießen mit 5:3 bezwungen. Torwart Lehmann benutzte einen Spickzettel und hielt den entscheidenden Elfmeter. Danach zettelten die Argentinier eine Massenschlägerei an und traten Mertesacker. Nachdem auch Torsten Frings zuschlug, wurde er von der FIFA aufgrund von Beweisbildern eines italienischen Fernsehsenders für das Halbfinale gegen Italien gesperrt.

1. Juli.

Ja, hätte das Bruno, der Bär, noch miterlebt!

Ich sitze wieder am deutschen Heldenpool, die glorreiche Mannschaft trainiert, ich lege ihre Badehandtücher zusammen und mir gehen immer wieder die dramatischen Szenen nach dem Elfmeterschießen durch den Kopf.

Ich wusste gar nicht, wo ich zuerst hingucken sollte mit meinem Fernglas. Kahn und Lehmann umarmten sich! Die bewegendste Szene der WM! Und so undeutsch! Normalerweise läuft das ja in diesem Land so, dass einer gegen den anderen ausgespielt wird. Wenn der eine oben steht, wird der andere heruntergeschrieben. Die Mediendeutschen wollen immer einen extremen Verlierer und einen extremen Gewinner, und selbst wenn du mit dem Verlieren deinen Frieden hättest, die Medien machen es dir zur Hölle. Und jetzt diese Szene! Kahn umarmt seinen Untergang und vernichtet dabei die Medien-Krieger. Daran sollten wir hybriden Literaten uns mal ein Beispiel nehmen! Wenn jemand von uns einen Preis bekommt, dann sagen die anderen immer, die Jury hat keine Ahnung oder ist bestochen oder zu schwul oder zu hetero. Stellt sich jetzt etwa Kahn hin und sagt, Lehmann hatte einen Spickzettel?

Das war ja Wahnsinn mit dem Zettel! Wie der Lehmann mit dem Zettel von Köpke in das Tor geht – ich hab's mit dem Fernglas genau gesehen –, den Zettel unter den rechten Stutzen steckt und dann zweimal links abtaucht und pariert!

Über mir sah ich, wie die Merkel den Beckenbauer küsste, das rührte mich nicht so wie Kahn mit Lehmann. Neben mir rechts saß Ingo Metzmacher, der Dirigent, und links Fabian Burdenski, der Sohn von Dieter Burdenski, dem Elfmetertöter von Werder, 1978 mit Sepp Maier zusammen bei der WM in Argentinien.

Fabian hatte mir kurz vorher erzählt, was sein Vater immer gesagt hat: »Nur auf den Fuß und auf den Ball gucken und positiv über das Leben denken!« Carina, Fabians Schwester, hatte noch schnell die Deutschlandfahne auf meine Wange gemalt, kurze Zeit später lagen wir uns alle in den Armen. Uschi Glas war plötzlich auch dabei, ich denk noch, die Frau, die du da gerade küsst, das ist doch Uschi Glas?! Egal, das ist ja das Tolle: Da lebst du 38 Jahre in diesem Nörgelland, fängst schon selbst an zu nörgeln, wenn dich jemand etwas zu Deutschland fragt, und dann steht da so eine deutsche Mannschaft, denkt positiv über das Leben, die Sonne scheint, Fabians Schwester malt dir 'ne Fahne auf die Backe und auf die andere küsst Uschi Glas. Bin ich jetzt Patriot?

Die Italiener, diese defensiven Rumpelmafiosi, putzen wir auch noch weg, genauso wie diese hölzerne Ikeatruppe aus Schweden! Ich geh auch nicht mehr ins »Opera Italiana«, zu meinem Stammitaliener. Pino, der Chef, will immer, dass ich zu den Italienspielen komme, denn wenn ich da bin, gewinnt komischerweise immer Italien. Ich habe Pino gesagt: »Am Dienstag kannst du deine Spaghetti alleine essen! Ich komme wieder, wenn ihr um den dritten Platz spielt, ciao bello!«

Die argentinischen Gauchos haben echt 'nen Knall. Erst starten sie vor dem Spiel alle große Aufrufe gegen Rassismus und dann treten sie den Deutschen die Eier zusammen! Cufré dem Mertesacker mit gestrecktem Bein, ich hab den heute Morgen am Pool gesehen, oh weia.

Und Frings ist unschuldig! Na ja, uns, die wahren Brasilianer, kann sowieso nur noch Zidane stoppen. Nur noch ein weises Fußballgenie wie Zidane kann sich der jungen Unbeschwertheit von Fabian und seiner Schwester und diesem ganzen Land in den Weg stellen.

Nach dem Spiel habe ich Dienst gehabt, am Samstag und Sonntag. Samstag kamen wieder die Spielerfrauen, herrlich. Sonntag war's ganz ruhig. Ich habe auf Jogi Löw gewartet, ob er vielleicht kommt und irgendwas zu meinem Voodoo-Stein sagt. Natürlich habe ich mir ausgemalt, wie sich Lehmann nicht nur den Spickzettel, sondern auch meinen Voodoo-Stein unter die Stutzen steckt. Überhaupt: dieses Was-unter-die-Stutzen-Stecken fasziniert mich, habe ich als Jugendtorwart genau so gemacht. Rechts ein Hanuta-Bild von Ronnie Hellström, links eines von Budde Burdenski. Hat immer geholfen. Und dann wirst du, weil du kein Profi geworden bist, aus lauter Kompensation Schriftsteller und musst immer berufsbedingt am Deutschen herumnörgeln. Aber jetzt ist ja Schluss damit, vielleicht bin ich ja jetzt Patriot.

Ich höre auf meinem Sitz am Pool immer deutsche Fußballlieder von der CD »Fußball ist unser Leben« – wunderbar. Als die Spielerfrauen in meinem Pool badeten, hörte ich »Dann macht es bumm«, gesungen von Gerd Müller, und »Gute Freunde kann niemand trennen«, gesungen von Franz Beckenbauer – kann er ja mal Frau Merkel vorspielen. Meine absoluten Lieblingslieder sind: »So ein schöner Tag« von Hansi Hinterseer und »Die Hände zum Himmel« von Tony Marshall; das wurde gespielt, als die Mannschaft nach dem Elfmeterschießen jubelnd durchs Olympiastadion zog. Ergreifend, einfach ergreifend.

Ich fahre mit dieser CD jetzt auch immer Auto durch Berlin, volle Lautstärke, deutsche Fahne vom türkischen Obsthändler raus. Gestern ist eine wildfremde deutsche Patriotin einfach bei mir eingestiegen, Anita.

»Toller Song«, hat Anita gesagt.

»Ja«, sagte ich, »ich bin übrigens Chefwächter am deutschen Pool, wir können ja mal hinfahren.«

»Was wie'n *Chefwächter*?!«

Na ja, die Leute glauben es einem einfach nicht.

VI.

Die deutsche Mannschaft unterliegt Italien in Dortmund nach Verlängerung mit 0:2. In der 119. Minute erzielte Fabio Grosso mit einem Schlenzer das 1:0. Alessandro del Piero erhöhte in der Nachspielzeit auf 2:0. Das von Manipulationsskandalen erschütterte Italien steht im WM-Finale.

5. Juli.

Scheiß-Italien. Grosso! Als Grosso schlenzte und ins linke Eck traf, stand ich genau in der Kurve hinter Lehmanns Tor. Ich nahm sofort den Nachtzug nach Berlin und bestieg heute Morgen das letzte Mal meinen Schwimmmeisterstuhl im Schlosshotel im Grunewald.

Ich blickte über meinen Pool. Still, so still war das Wasser. Im Schlossgarten, in einer Laube, versammelten sich alle Spieler zur endgültig letzten Besprechung.

Wo war nur der Fußballgott? Warum denn ausgerechnet die Italiener?!

»Lieber Fußballgott«, rief ich durch den Grunewalder Pool-Bereich, »warum kommen bloß diese Italiener ins Finale, die müssen doch alle ins Gefängnis? Manipulieren zu Hause in Turin und in Mailand an deiner Schöpfung herum, und du lässt in der 119. Minute Grosso einschlenzen?? Bist du etwa Juve- oder Milano-Fan?? Sie haben deine Macht des Schicksals auf der höchsten Ebene der Serie A beleidigt, und du gibst uns Grosso?! Na, hör mal, diese gegelten Heulsusen-Mafiosi? Fallen ständig hin, kriegen Elfer in der 96. Minute (Totti!), sperren Frings durchs Mailänder Pay-TV (Unglaublich!!!), und du kommst mit Grosso um die Ecke! Pino, mein italienischer Wirt, weißt du, was ich dem vorm Spiel gesagt habe? ›Pizza endstazione! Pasta la Basta! Ciao Pino!‹ Und rate mal, was mir Pino am Tag danach an den Kopf geknallt hat? ›Buongiorno Moritz, möchtest du heute Bratkartoffeln?‹ Frechheit!! Nur wegen deinem blöden Grosso! Haben wir dir nicht einen deutschen Papst geschickt?! Pass mal auf, jetzt kommt ›Zizou‹ Zidane, der wird dir und Pino und Grosso zeigen, wo der Hammer hängt!«

Vor lauter Erregung und aufbrausendem Atheismus wackelten mein Schwimmmeisterstuhl und die deutsche Fahne, auch die von Ghana, die ich ja für meinen Freund Asamoah angebracht hatte.

Freunde von mir behaupten, ich hätte mich überhaupt sehr gewandelt in den letzten WM-Wochen, zum Positiven hin! Nicht mehr dieser durch die 68er geimpfte Bedenkenträger, der selbst noch beim geilen Neuville-Tor deutschen Jubel und deutsche Historie irgendwie im Lot halten wollte und der seine erste deutsche Fahne heimlich beim türkischen Obsthändler kaufte und in einer Tüte nach Hause trug. Nein, man hätte mich mal jetzt im Dortmunder Stadion sehen sollen! 118 Minuten stehend! Arm in Arm mit sächsischen Landsleuten, nur in der 119. Minute, da wollte ich dann ganz allein sein.

Natürlich hat auch meine Tätigkeit am deutschen Pool zur Wandlung beigetragen. Klinsmann hat ja allen im Umfeld der Mannschaft das Gefühl vermittelt, die Sache mitzutragen, Verantwortung für das Ganze zu haben. Die Ergänzungsspieler hielten flammende Reden; Kahn, der einstige Titan, wurde zum guten Geist vom Grunewald; Asamoah legte vor jedem Spiel super Rhythmen auf – und ich, ich legte die deutschen Badehandtücher zusammen. So fühlte auch ich mich als ein Baustein des Ganzen.

Ich habe hier immer in allen Poolberichten ein Detail unterschlagen, weil ich damit nicht angeben wollte, und vielleicht, um das ganz große Geheimnis von Klinsmann bis zum Schluss zu wahren.

Jeden Morgen nämlich, wenn ich meinen Dienst am Pool antrat, schwamm Klinsmann schon, das ist natürlich noch nicht das Geheimnis, sondern jetzt kommt's: Er stieg dann locker aus dem Pool, ich reichte ihm sofort eines meiner Badehandtücher, und Klinsmann sagte jeden Morgen:

»Danke. Das machst du sehr gut!«

Ja, Jürgen Klinsmann hat das Lob wieder in dieses Land gebracht. Jahrzehntelang haben wir uns nicht mehr richtig gelobt, haben auf die vermeintlich kleineren Jobs herabgeschaut, und jeder hat sich nur um sich selbst gedreht. So wurden wir zu einem egoistischen, bewegungslosen und in der Gesamtheit kraftlosen, reformfeindlichen und mutlosen Land.

Als ich Klinsmann zum siebten Mal das Badehandtuch reichte und er zum siebten Mal sagte »Das machst du sehr gut!«, da ging ein Ruck durch mich. Durch mich, durchs Badehandtuch und dann durchs ganze Land!

Beim fünften oder sechsten »Das machst du sehr gut!« hatte ich noch gedacht, mein Gott, Klinsi, ich reiche dir doch nur ein Handtuch, jetzt wird's ja ein bisschen stereotyp, du Ami, aber nun ... Das Badehandtuch ist in einer langen Kette der Dinge ebenso Bestandteil eines neuen Deutschlands. Es wurde am frühen Morgen wichtiger Regenerationstage überreicht, und es war garantiert das erste Lob, das Klinsmann täglich aussprach, es sei denn, er lobt auch sein Bett, seine Hausschuhe oder den Wecker. Auf jeden Fall war es morgens immer eines der allerersten Lobe in einer Reihe vieler Lobe im Laufe des Tages. Man könnte sagen, dass ich Klinsmanns Aufwärmprogramm war fürs Loben und für das Prinzip.

Die Hervorbringung einer neuen Gesellschaft beginnt beim Loben, auch der kleineren Dinge, darin liegt die Kraft und darin liegt der Weg, Neid und Missgunst in diesem Land zu besiegen.

Lieber Fußballgott, ich lobe jetzt einfach mal das blöde Tor von Grosso und esse wieder Pinos Pizza und Pasta. Ihr hattet das Glück der Tüchtigen, congratulazioni, complimenti. Wir hatten diesmal weniger Glück als die letzten Male, aber dafür waren wir noch nie so gut, so jung, so sympathisch und so schwungvoll. Achtet auch ihr darauf, dass ihr es uns irgendwann in Italien nachmacht, eure Defensivkunst ist langsam nicht mehr auszuhalten und dieses ständige Hinfallen, Weinen und dieses Herumfrisieren der Haare und Zurechtrücken der Gabbana-Unterhose geht mir auf den Zeiger.

Zum Schluss möchte ich jedoch sagen, es war eine wunderbare Zeit! Unvergesslich die 23 Spielerfrauen in meinem Pool! Dank für alles an Franz Beckenbauer, der FIFA danke ich nicht, das können ja die Italiener machen.

Zum Schluss meine absolute Lieblingsszene der WM: Beim Halbfinale in Dortmund winkt Lehmann einen kleinen, höchstens zehnjährigen Balljungen herbei, flüstert ihm etwas zu. Dann rennt der Junge mit den goldblonden

Haaren um das Spielfeld herum zu Klinsmann, tippt ihm vorsichtig auf den Arm und flüstert wiederum ihm etwas zu, während sich Klinsmann ganz zu ihm herunterbeugt. Klinsmann greift nun in seine Hosentasche, gibt dem Jungen einen Kaugummi, der Junge rennt wieder mit fliegendem Goldhaar zu Lehmann und gibt ihm den Kaugummi, er packt ihn ihm sogar aus, weil Lehmann ja Handschuhe anhat.

Ich sage dies ganz pathetisch ohne ironische Brechung: In dieser kleinen Szene steckt die Zukunft unseres Landes. Auf Wiedersehen am deutschen Pool in Südafrika!

5

Nachspielzeit!

3. Oktober 2006. Großes Kino. Was tief in der Nacht bei der Premierenfeier von »Deutschland. Ein Sommermärchen« geschah.

Der Baum brannte!

Das ist zwar ein sehr spezieller Einstieg, aber wenn Jürgen Klinsmann in der Kabine vor dem Spiel gegen Polen forderte: »Männer, lasst den Baum brennen!«, dann brannte auch etwas an diesem Abend im »Adagio-Club« des Berlinale-Palasts am Marlene-Dietrich-Platz.

Ich verließ so ungefähr um halb vier Uhr morgens die Premierenfeier, da stand neben mir immer noch Bastian Schweinsteiger, mit weißem Fred-Astaire-Schal und gnadenlos flankiert von einer imposanten Frau mit komplett freigelegten Brüsten. Den ganzen Abend über hatte ich schon versucht, herauszufinden, ob Schweinsteiger die etwa mitgebracht hatte zur After-Show-Party oder ob das ein wilder Groupie war.

Der gesamte Klub bestand aus Pappmaschee-Kulissen, einer Rekonstruktion des Schlosshotels im Grunewald, wo die deutsche Nationalmannschaft während der WM gewohnt hatte. (Ich erkannte eigentlich alles aus meiner Zeit als WM-Poolwächter wieder, nur der Pool fehlte!)

Torsten Frings schrie noch gegen halb drei David Odonkor vor einem Pappmaschee-Baum an, er solle jetzt mal mitkommen, morgen sei Training, doch Odonkor unterhielt sich mit Max Raabe, dem Sänger im Stimmfach Bariton (»Mein kleiner grüner Kaktus«), keine Ahnung, worüber die gesprochen haben. Mein Gott, das sah vielleicht aus, Raabe mit Odonkor!

Einmal sah ich Otto Sander auf Jogi Löw einreden, er sprach von einer Rilke-Lesung in Georgien, aber ich glaube, Sander verwechselte Jogi Löw mit Tom Tykwer (»Das Parfum«).

Jens Lehmann lief die ganze Zeit zwischen der Bar und der Brücke des Adagio-Clubs hin und her, und jeder zupfte ihm am Ärmel und fragte nach dem Zettel. Ist ja klar, welcher Zettel! Der Zettel eben, Lehmann schien schon ganz genervt, schließlich hat ja nicht der Zettel die Elfmeter gegen Argentinien gehalten, sondern er.

Was diese Profis auch alles aushalten müssen ... Da textete ein bekannter Filmkritiker Timo Hildebrand über das Wesen des Dokumentarfilms zu; Peter Lohmeyer, der Filmschauspieler aus dem »Wunder von Bern«, erklärte Gerald Asamoah, wie Schalke gegen Nancy im UEFA-Pokal hätte spielen müssen, und ich lud Christoph

Metzelder zu meiner »Nibelungen«-Aufführung ein, nur weil der mal an der Fern-Uni Hagen eingeschrieben war. (Metzelder wirkt aber auch in »Deutschland. Ein Sommermärchen« hochsensibel, das muss man sagen. Als ihm in einer Szene Blut abgenommen wird, sitzt er da nicht wie der deutsche Abwehrchef, der die Polen umhauen soll, sondern er sieht eher panisch der Abnahme von »Kapillarblut« aus seinem Ohrläppchen entgegen. Er wirkt wie ein Intellektueller, der uns mühelos erklären könnte, was die Welt im Innersten zusammenhält, aber in Anbetracht eines Tropfens eigenen Kapillarbluts verliert er das Gleichgewicht.)

Vor der Tür zum Spielerseparee sah ich, wie sich eine *Gala*-Reporterin von hinten an Philipp Lahm heranschmiss, ihn an der Schulter riss und »Ich fand dich im Film so toll authentisch!« schrie. Lahm nickte höflich mit dem Kopf und flüchtete ins Separee, wo er sich über den Satz bestimmt den Kopf zerbrochen hat: Wenn er Philipp Lahm ist in dem Film, dann muss er seiner persönlichen Meinung nach doch sowieso authentisch sein? Und wenn nicht, woher sollte ausgerechnet diese *Gala*-Glucke wissen, dass er eventuell nicht authentisch war? Sein Traumtor gegen Costa Rica war auf jeden Fall authentisch, das nimmt dir keiner, wie Klinsmann sagen würde.

(Die imposante Frau mit den Riesenbrüsten – auf die mittlerweile die halbe Fußballwelt starrte in dieser Premierennacht – war übrigens definitiv nicht mit Schweinsteiger gekommen, sondern heißt Donata Tivoli oder so. Auf YouTube, hieß es, gebe es einen Film mit ihr, Titel: »I like my two Boobies«, man sehe ständig two Boobies aus einem BH fallen und dann wackeln.)

Großartig war auch Angela Merkel. In einer Szene des Films steht sie im Schlosshotel im Grunewald wie eine Lehrerin vor den Spielern, die auf Stühlen sitzen. Frings kommt zu spät, entschuldigt sich, und dann meldet sich Lehmann und fragt, was denn für Leute, die im Ausland arbeiten, ein Anreiz wäre, nach Deutschland zurückzukommen. »Das neue Vatergeld und die Kita«, sagt Merkel, das finde ich hinreißend, das Vatergeld und die Kita werden es also sein, die dann irgendwann Lehmann von Arsenal London nach Deutschland wechseln lassen.

Und wenn doch die Merkel unserer Koalition so einheizen würde wie Klinsmann den Spielern! Ich finde zwar, dass Klinsmanns viel gelobte Motivationspsychologie in dem Film rüberkommt wie McKinsey für Arme, aber immerhin noch besser als gar nichts.

Ich hatte im Vorfeld schon viel gehört über diese Kabinenreden, dass ich natürlich alles in diese Reden hineinprojizierte: Klinsmann würde von den Spielern einen gesellschaftlichen Aufbruch fordern, stellte ich mir vor. Ja, Reformen, bis der Baum brennt, Materialisierung durch Visualisierung, ich hatte mir etwas zwischen Hypnose, Bergpredigt und Al Pacino in »An jedem verdammten Sonntag« vorgestellt.

Am Ende konnte es dann wohl nur ein paar Nummern kleiner sein, und das war leider auch nicht wirklich völkerverständigend: »Das Achtelfinale lassen wir uns nicht nehmen und schon gar nicht von Polen«, »Die stehen mit dem Rücken zur Wand, und durch diese knallen wir sie hindurch« oder »Die kriegen was auf die Fresse«. Ich meine, die »Idomeneo«-Oper in Berlin wird aus Angst vor einer Beleidigung des Islam abgesetzt, da geht's um fallende Mohammed-Köpfe aus Pappmaschee, die Polen aber, die sind echt, hoffentlich sehen die den Film nicht.

Jogi Löws taktische Ansprachen zum »vertikalen System« gefielen mir auf jeden Fall besser, und wenn ich dabei in die Gesichter und verdrehten Augen der Spieler sah, erinnerte ich mich daran, wie Hans Meyer vom 1. FC Nürnberg unserer Schriftstellernationalmannschaft (Die gibt's wirklich!) einmal in der Kabine die Raute erklärte.

Als ich dann endlich am frühen Morgen ging, sah ich noch »Mein kleiner grüner Kaktus« im Gespräch mit Franz Beckenbauer, dahinter topfit »I like my two Boobies«. Schweinsteiger hielt sich mittlerweile an einer Pappmascheesäule fest.

2008:
DIE EM IN ÖSTERREICH
UND DER SCHWEIZ

1

**Heute gegen Polen! (Hymne auf meinen
polnischen Theaterprofessor und auf den Papst,
danach das Sportliche)**

8. Juni. Heute beginnt für die deutsche Mannschaft die EURO 2008. Gruppe B. Ich bin diesmal nicht Poolwächter im Quartier der Deutschen, sondern verfolge die EM vor dem Fernseher. Das Spiel gegen Polen findet in Klagenfurt statt.

Heute schon wieder gegen Polen! Für mich ein sehr besonderes Spiel, denn alles, was ich bin, verdanke ich Polen.

Der Mann, der mich nicht durch das Universitätsdiplom fallen ließ, heißt Professor Andrzej Tadeusz Wirth, polnischer Brecht-Schüler. Prof. Wirth war in seiner Jugend auch mit Johannes Paul dem Zweiten befreundet, der ja bekanntlich Dramatiker werden wollte und das Mysteriendrama »Im Laden des Goldschmieds« verfasste, außerdem waren beide Mitglied der Experimentaltheatergruppe »Studio 39«.

Mein Professor und der Papst haben in jüngeren Jahren die Frauen reihenweise in die Wiesen um Warschau gelegt, das waren Profis. Ich habe zwar bei Prof. Wirth in Gießen die sogenannten »Angewandten Theaterwissenschaften« studiert, aber das ist nur ein Synonym für polnische Lebenskunst.

Das Spiel heute Abend werde ich mir mit Ariane ansehen, einer jungen Galeristin aus dem Wedding und guten Freundin meines Professors. Sein Vater war übrigens Oberbefehlshaber der polnischen Artillerie in Monte Cassino, einer der größten Schlachten der Alliierten gegen Hitlerdeutschland. Marcel Reich-Ranicki, der Literaturpapst, hat sich auch angesagt, Günter Grass überlegt noch. Vielleicht bringe ich die Zeitungsseite vom polnischen »Super Express« mit, auf der ja der niederländische Trainer der Polen die Köpfe von Ballack und Löw in den Händen hält. Ich würde sie kurz vor Anpfiff hochhalten.

Ich weiß schon, was mein Professor sagen wird: »Regt euch nicht auf: Wie viel Polen steckt denn in Deutschland?« – damals, 2006, beim WM-Gruppenspiel, da trat er noch selbst in der Monte-Cassino-Uniform seines Vaters an das Fernsehgerät und zeigte auf Miroslav Klose und Podolski: »Na, welchen Sinn macht die Artillerie meines Vaters noch?« Er meinte damit: Kocht die polnisch-deutschen Spiele nicht so hoch! Uns allen bleibt nur Humor und Gelassenheit! Sogar Günter Grass nickte damals mit dem Kopf.

Kommen wir zum Sportlichen.

Klagenfurt ist eigentlich ein ziemlich humorloser Ort. Wer in Klagenfurt gewinnen will, muss alte deutsche Tugenden einsetzen: Disziplin, Fleiß und vor allem keine Spielfreude aufblitzen lassen. Wer so spielt, gewinnt den Klagenfurter Ingeborg-Bachmann-Preis, immerhin eine hohe literarische Auszeichnung ...

Vieles spricht im Löw-System für die Rückkehr des alten Denkens: Lehmann aufzustellen, spricht für Treue, vielleicht auch für Starrsinn. Spielt wenigstens Podolski im linken Mittelfeld? Haben wir Deutschen überhaupt Flügel? Was, wenn Lewandowski, der Gattuso Polens, Ballack stört?

Eigentlich stecken in Jogi zwei Seelen, die deutsche Angst-Seele und die entrückte Sommermärchen-Seele, ich bin gespannt, welche der beiden heute gewinnt. Löws Angst-Seele sagt sich: »Mensch, Jogi, sind denn Poldi & Schweini noch progressiv? Hätte ich nicht neue Progressive mitnehmen müssen? Kann etwas progressiv sein, was schon vor zwei Jahren progressiv war? Statt des Wirbelwinds Marko Marin nehme ich den vergrippten Borowski mit, spielt der nicht genauso wie Hitzlsperger? Spielen nicht alle wie Hitzlsperger? Heute Nacht habe ich geträumt, ich komm zum Training und da stehen 22 Hitzlspergers mit Lehmann! Haben wir denn nix anderes?!« (Angst essen Märchen auf.)

Und Löws Sommermärchen-Seele sagt: »Was vor zwei Jahren funktioniert hat, muss auch jetzt funktionieren! Gut, die Abwehr hat zwei Jahre auf der Bank gesessen, aber 2006 war sie doch eingespielt, oder? Die spielt sich schon ein, Metze wird Ruhe ausstrahlen und Lehmann den Strafraum beherrschen. Und Lahm kommt wieder über die Flügel!«

Eigentlich fand ich auch die Wahl von Germany's Next Topmodel unprogressiv. Die Frau sieht aus wie Schweinsteiger, Fritz, Hitzlsperger, Jansen und Podolski zusammen. Maße 84-67-93, aber schön, besonders, kreativ, überraschend? Nein, der deutsche Trend geht momentan ein bisschen in Richtung 84-67-93.

So werden wir dann heute Abend in Klagenfurt den Bachmann-Preis gewinnen.

(Das Auftaktspiel gegen Polen wurde zwar ordentlich, aber glanzlos mit 2:0 gewonnen, zweimal Podolski, Halbpole!)

2

The Tragedy of Miroslav (Frei nach »Hamlet« von William Shakespeare)

12. Juni. Heute gegen Kroatien. Und die größte Sorge der Deutschen: Kloses Torkrise! Er trifft einfach nicht mehr. Und nach jedem Spiel, in dem er nicht getroffen hat, wird es schlimmer. Für einen Stürmer ein Drama, eine Tragödie. Ein schleichendes, schwarzes Gift.

Frings hat mir einmal in der Dieter-Burdenski-Lounge im Weserstadion erzählt, als wir gerade wieder Haarbänder austauschten – ich spiele ja in der Autorennationalmannschaft immer mit Haarbändern von Frings und umgekehrt –, plötzlich also sagte Frings: »Weißt du eigentlich, dass sich Luca Toni freitagabends vor Spielen nie die Zähne putzt?«

»Nee, Torsten«, sagte ich, »woher soll ich das wissen? Ich bin vor Spielen nicht mit Toni aufm Zimmer, sondern mit Thomas Brussig!«

»Schon klar«, sagte Frings, »ich weiß es auch nur von Podolski. Lukas sagt, dass sich Toni nicht die Zähne putzt, weil er dann am nächsten Tag dreckiger und gefährlicher spielt, alter italienischer Trick!«

»Hm, echt?«, fragte ich, »Toni sieht aber eher so aus, als ob er sich den ganzen Tag die Zähne putzt.«

»Irrtum«, meinte Frings. »Während Toni schon im Bett liegt und sich vorstellt, wie er einlocht, steht Klose noch im Badezimmer und putzt sich die Zähne, darum spielt er auch bei den Bayern immer schön ordentlich ab auf Toni, aber hast du mal gesehen, dass Toni abspielt auf Klose?«

Nach dem Spiel der Deutschen gegen Polen habe ich darüber nachgedacht: Klose läuft allein auf das polnische Tor zu, er könnte mit rechts aus 16 Metern abziehen oder beschleunigen und nach links einen Haken schlagen, falls der Torwart herauskommt, um aus spitzerem Winkel einzuschieben, aber was macht er? Er spielt Gómez steil in den Lauf – entweder zu steil, weil in seinem Pass noch der Gedanke einer alleinigen Tat, also eines aus 16 Metern abgezogenen Balles steckt, oder zu überraschend, weil ein Stürmerkollege wie Gómez nicht davon ausgehen kann, dass der andere Stürmer nicht sein erstes EM-Tor schießen will.

Gestern und heute Morgen stand Klose vermutlich wieder in Klagenfurt im Badezimmer vor dem Spiegel, gedanklich natürlich im kroatischen Strafraum: »Abspielen oder Nichtabspielen? To be or not to be: that is the question.«

Klose hat ja auch unglaubliche Ähnlichkeit mit Laurence Olivier in »The Tragedy of Hamlet«, immerhin vier Oscars. Man stelle sich vor, wie Klose kurz vor dem Tor des kroatischen Gegners zu monologisieren anfängt:

> Der angebornen Farbe der Entschließung
> Wird des Gedankens Blässe angekränkelt
> Und Wagesteine hohen Flugs und Werts
> Durch die Rücksicht aus der Bahn gelenkt
> Darum werd ich heute nicht zu Gómez flanken
> Um am Ende doch nur Löcher in die Luft zu schlagen
> Aus denen allein der Lukas Früchte trägt.

Durch Rücksicht aus der Bahn gelenkt! ... Des Gedankens Blässe angekränkelt! Da spricht Shakespeare über die fehlende Kaltschnäuzigkeit, über den mangelnden Tor- und Killerinstinkt! Als Stürmer der Dichter-Nationalmannschaft weiß ich, wovon ich rede. Die Seele eines Stürmers kann sich schneller verdunkeln als alles andere. Schneller als der Himmel, schneller als die aufgewühlte See. Gerade das Dunkel, das von außen in den Stürmer hineingetragen und hineingeschrieben wird, ist ein schleichendes, schwarzes Gift:

- *Er hat noch überhaupt nie bei einer EM getroffen.*
- *360 EM-Minuten seit 2004 ohne Treffer.*
- *Er trifft nicht gegen große Mannschaften, nur gegen Costa Rica oder Ecuador.*

- *Er hat nur einen wichtigen Treffer im Nationaltrikot erzielt, das 1:1 gegen Argentinien bei der WM 2006.*
- *Trifft er nun gegen Kroatien?*
- *Trifft er dann im Viertelfinale??*
- *Wann trifft er endlich???*

(Über Miroslav Klose, zusammengetragen aus deutschen Medien)

Als Stürmer stehst du morgens vor dem Spiegel und wirst wahnsinnig.

Früher stand noch immer Kahn im Nebenzimmer (also nicht bei mir, sondern im Nebenzimmer von Klose) und schrie die ganze Zeit: »Druck! Druck!! Druck!!! Ich brauche Druck!!!! Gebt mir Druck!!!!!«

Als Stürmer brauchtest du da ein Zimmer weit von Kahn entfernt, sonst wärst du bei dem Druck-Geschrei irre geworden, da ist der Lehmann schon angenehmer, der steht wahrscheinlich die ganze Zeit in Klagenfurt und denkt sich, scheiße, auch der Badezimmerspiegel flattert!, denn angeblich flattert ja der EM-Ball, das neue Spielgerät sei ein Flatterball, das haben Lehmann und andere Torhüter mehrmals öffentlich beklagt.

Zum Schluss noch eine kleine Liedstrophe für Miroslav von den »Prinzen«, um endlich diese »Gedanken-Blässe« vom Hamlet abzuschütteln. Der Refrain lautet: »Du musst ein Schwein sein«, »You have to be a Schwein«.

Miro, I was always friendly, sweet and nice
And once again I see how it goes in life
You have to be a Schwein in this world
Be a Schwein

You have to be mean in this world
Be mean
Soon I'll be sitting in the Bundestag
Bundestag
You have to be a Schwein.

Ich werde heute Abend singen, hoffen und wetten: Heute wird er treffen!

(Er traf nicht. Die Deutschen verloren das zweite Gruppenspiel in Klagenfurt gegen Kroatien mit 1:2. Den Anschlusstreffer erzielte Podolski. Schweinsteiger flog wegen einer Tätlichkeit in der 90. Minute vom Platz und wurde für das Spiel gegen Österreich gesperrt.)

3

Wollt ihr etwa Wörns?! Eine imaginäre Jogi-Löw-Wutrede (Frei nach »Flasche leer. Ich habe fertig« von Giovanni Trapattoni)

16. Juni. Heute gegen Österreich. Nach dem verlorenen Spiel gegen Kroatien gab es schlimme Presse: »Schlechter geht es nicht mehr!« (Kicker) »Selbst ernannter Favorit von den Kroaten abgeschossen! Alle Deutschen von der Rolle!« (Die Kronenzeitung). Was also passiert, wenn die Deutschen heute Abend gegen Österreich verlieren? Ich weiß schon, wie dann die Analyse des Bundestrainers bei Gerhard Delling im ARD-Studio ausfällt.

Ein Jogi Löw geht ohne Taktik nicht aus dem Haus. Auch nicht ohne ein paar Grundprinzipien für die Analyse. Für ein 3:0 lautet das Grundprinzip der Analyse: »Die Mannschaft hat diese Drucksituation gebraucht, wir haben sie gewissermaßen geplant.« Wenn's 0:0 ausgeht: »Wir sind eine Turniermannschaft und entwickeln uns von Spiel zu Spiel.« Natürlich gibt es auch ein paar Grundprinzipien für den GAU, für das wööörst-kääss-Szenario, wie es ein Schwabe ausdrücken würde.

Stellen wir uns also vor: Jogi Löw im weißen Hemd in der Analyse heute Abend nach der Niederlage bei Delling. Natürlich wird der Begriff »mangelnde Ordnung« fallen, aber hören wir mal genauer hinein in die Analyse:

»... die schnelle Raumöffnung, das Umschalten, das Verschieben, die Vertikale, die Passpräzision. Die Österreicher haben hinten sehr kompakt gestanden, wir haben immer gesagt, dass wir unser Spiel spielen, flache Bälle, nicht hohe Bälle, aus dem Spiel heraus, wir müssen jetzt alles in Ruhe analysieren, die mangelnde Ordnung, die mangelnde Spieleröffnung, das mangelnde Tempospiel ...«

»Aber die mangelnde Defensive, Herr Löw«, würde Delling sagen, »man hatte nie das Gefühl, dass Jens Lehmann Ruhe ausstrahlt?«

»Natürlich hat der Jens Ruhe ausgestrahlt!«, Löw spricht dann aber lieber über taktische Dinge. »Wir haben es vielleicht eher versäumt, im Tempospiel Akzente zu setzen, in der Spieleröffnung ...«

»Aber diese Szene mit Lehmann, kann man da noch vom Flattern des Balles sprechen, Herr Löw, war das wirklich ein Flatterball?«, würde Delling weiterbohren, »oder nehmen wir die Aktion von Arne Friedrich ...«

»Friedrich!«, sagt Löw plötzlich laut, »Friedrich musste ich bringen nach der Kroatien-Analyse! Metze und Merte rennen dauernd gegeneinander, meinen Sie, ich seh das nicht in der Analyse?? Odonkor als Außenverteidiger, ich weiß auch nicht, wie der da plötzlich hingekommen ist, glauben Sie, mir macht das Spaß, Odonkor als Außenverteidiger?! Ob Lehmann Ruhe ausstrahlt!? Natürlich flattert da was! Soll ich Ihnen mal sagen, was hier in Wien los war? Mich haben sie heute Nacht in die CORDOBA-Suite gesteckt, die haben mitten in der Nacht Staubsauger eingesetzt mit argentinischen und österreichischen Fahnen dran, jedes Scheiß-Gericht, das du hier isst, heißt CORDOBA-Suppe oder CORDOBA-Platte! Diese Frühstückshostessen, diese Biester, wissen Sie, was mir heute Morgen eine sagte? Darf ich Ihnen noch CORDOBA nachschenken? Kaffee!, verstehen Sie? Nennen die hier CORDOBA! Gestern Nacht wollte Lehmann einen Beruhigungstee aufs Zimmer haben, »Ja, freilie, küss die Hand!«, hieß es, fünf Minuten später klingelt Hans Krankl persönlich mit der Teetasse an der Tür! Der Philipp Lahm wollte seine Mutter anrufen, stattdessen hört er nur »I wer narrisch. 3:2!« in der Leitung, »I wer narrisch. 3:2!« von diesem fiesen Edi Finger, da wirst du verrückt! 20 Millionen haben wir investiert in die EM: Mallorca, Ascona, Klagenfurt, nur in Wien kannst du investieren, wie du willst, am Ende hauen dir die Ösis CORDOBA um die Ohren! Lumbaseckel, sagt man bei uns in Baden, Lumbaseckel! Die kleineren Spieler bei uns hatten Albträume, die Ösis sperrten sie nachts in den Hotelkeller, weil die dachten, das sind alles Mädchen! Wie willst du in so einem Land den geordneten Spielaufbau gestalten?!«

»Noch mal zur Defensive, Herr Löw ...«

»Delling, du gehst mir mit deiner Defensive langsam auf den Zeiger, es lag an der mangelnden Spieleröffnung, die Ösis spielten vorne mit einem Opa und so einem Rotzlöffel, meinst du, das sind unsere Probleme? Nee! Warum kann eigentlich keine Sau bei uns Ecken schießen?! Ich bin Taktiker! Hansi, sagte ich vor dem Ösi-Spiel, lass uns noch mal durchgehen, wie wir in der Spieleröffnung agieren, aber wir reden doch nicht über Ecken!? Diese Scheiß-Ecken, da beschäftigst du dich mit Taktik für Fortgeschrittene und die können nicht mal 'ne Ecke!«

»Herr Löw, haben am Ende vielleicht doch die deutschen Tugenden gefehlt?«

»Deutsche Tugenden?! Die einen träumen, dass sie nachts als Mädchen im Keller eingesperrt werden, die anderen trinken den ganzen Tag Beruhigungstee, einer hat sich sogar beim Handball verletzt! Das sind jetzt ganz andere Deutsche, Delling! Dann hol dir doch zur ARD-Analyse wieder Typen wie Augenthaler, der drei Schachteln Zigaretten raucht vor dem WM-Finale, oder Brehme, Wörns! Willst du wieder Wörns?! Wollt ihr etwa Wörns?! Wenn ihr Wörns holt, bin ich weg. Nein, nein, das sind Prozesse, wir müssen das jetzt analysieren, Delling, zwei

Jahre Analyse und dann in Südafrika ganz ohne Ecken, ohne Standards! Handball, Delling! Und Spieleröffnung mit Analyse, ohne Córdoba, aber mit Odonkor, mit Leichtathletik! Und Analyse! Ich fahr jetzt ins Ländl, Delling, raus aus Wien, raus aus dem Keller, raus aus CORDOBA ...«

... / Ende der Analyse.

(Die Deutschen siegten glücklich durch ein Freistoßtor von Ballack mit 121 km/h, Flatterball! Löw sah das erlösende Tor zusammen mit Bundeskanzlerin Angela Merkel und Schweinsteiger von der Tribüne aus. Der Bundestrainer war vom Schiedsrichter wegen Reklamation von der Trainerbank verwiesen worden und auch für das Viertelfinale auf die Tribüne verbannt. In der 5. Minute hatte bereits Mario Gómez nach Querpass von Klose den Ball vor dem leeren Tor der Österreicher verstolpert. Danach nannte man ihn den »Gurken-Gómez«. Frings brach sich mehrere Rippen.)

4

Frau Klose ruft an. Lehmanns Bettdecke flattert. Und Gómez träumt, dass er nur noch minus 135 Millionen wert ist (Dramatische Szenen aus den Zimmern der Spieler)

Prolog:

18. Juni. Basel, Mannschaftshotel. Es ist die Nacht vor dem Viertelfinale gegen Portugal. In Zimmer Nr. 9 hat Gómez die Bettdecke über seinen Kopf gezogen und stellt sich immer wieder vor, wie im Spiel gegen Österreich der Ball von Klose auf ihn zurollt. In seinem Kopf dröhnt dabei: Gurken-Gómez, Gurken-Gómez, Gurken-Gómez. Er ruft völlig verzweifelt Hitzlsperger auf Zimmer Nr. 15 an.

GÓMEZ: Thomas, der Ball ist versprungen, er ist in dem Moment, wo ich schießen wollte, hochgesprungen, oder? Das konnte man doch in der Zeitlupe sehen!

HITZLSPERGER: Ja, er ist versprungen, Mario, die Fachleute wissen das, versuch jetzt zu schlafen. Nimm dir das mit dem Gurken-Gómez nicht so zu Herzen.

GÓMEZ: Hast du etwa jemanden gehört, der Gurken-Gómez gesagt hat??

HITZLSPERGER: Nein, Mario, niemand sagt Gurken-Gómez.

GÓMEZ: Doch! Ich hab Waldis EM-Club geguckt, weil ich nicht schlafen konnte. Den hätte seine Oma mit verbundenen Augen gemacht, hat der gesagt und dann: Gurken-Gómez! Dieser Armleuchter von Waldi, der soll sich mal lieber um seinen Sohn kümmern, der ist doch auf Hartz IV, aber er redet von seiner Oma, und dass ich eine Gurke bin, Thomas, ich hab so Angst, wenn der Ball von Klose wieder so angehoppelt kommt! In Waldis EM-Club haben sie gesagt, vor dem Hoppeln war ich 35 Millionen wert, danach nur noch 5! Ich träum seit drei Tagen, dass der Ball hoppelt, ich bin schon bei minus 135, verstehst du? MINUS! Wenn mich jetzt der FC Bayern gar nicht mehr haben will, sondern nur noch 1860 oder Mainz 05, dann kriegen die sogar 135 Millionen dazu, nur weil es gehoppelt hat!

HITZLSPERGER: Mario, ich muss jetzt schlafen, kann gut sein, dass mich der Jogi morgen bringt wegen Torstens Rippe! Gute Nacht, du Gurken-Gómez. *(Lacht)* War nur 'n Scherz.

Zimmer Nr. 12: Hansi Flick und Jogi Löw zusammen im Doppelzimmer, beide im weißen Pyjama. Jeder sinniert stumm für sich.

LÖW: Eigentlich ganz gut auf der Tribüne bei den Promis. Kann man schön Snickers essen, während Hansi überlegen muss, wen man von dieser Scheißauswahl überhaupt noch einwechseln kann. Schweini kann man bringen, der hat die ganze Zeit mit der Bundeskanzlerin herumgeturtelt, der ist morgen in der Bringschuld! Komisch, bei mir im Laptop spielen immer alle gut, in meinem Laptop stimmen die Laufwege und die Taktik. Wenn die EM in meinem Laptop stattfinden würde, wäre das optimal und ich Europameister. Gegen Portugal jetzt die Metzelder-schaltet-Ronaldo-aus-CD-ROM einlegen, wireless Lahm! Und dann in Ruhe Snickers essen!

FLICK: Toll war dein erster Auftritt in der Coaching-Zone, hat Mama gesagt. Als Erstes dachte ich, als ich allein war in der Zone ohne Jogi: Hansi, sofort Härte beweisen, Gómez rausnehmen! Gurken-Gómez, lispelt Kuránwi noch von der Bank, süß, wie der Kevin lispelt, Gurken-Gómessssss, echt süß, aber geht natürlich nicht so was, auch hier Härte beweisen und Neuville bringen, den Opa, der ist ja älter als ich! Gegen Portugal mach ich jetzt, was ich will!

Zimmer Nr. 1, Lehmann unter der Bettdecke. Er spricht sich gut zu und zitiert Bild: »Lehmann hält alles!«

LEHMANN: *(Springt plötzlich aus dem Bett)* Und sie flattert doch! Immer flattert hier alles! *(Ruft die Rezeption an)* Sagen Sie mal, was ist denn das für eine nervöse Bettdecke hier, die Decke flattert! Ich muss in Basel 'ne Decke haben, die Ruhe ausstrahlt!

REZEPTION: Eine Bettdecke kann nicht flattern, Herr Lehmann. Mich nervt schon Herr Gómez genug mit seinem Hoppeln! Gutes Nächtli!

Lehmann knüllt die Bettdecke zusammen und hält sie die ganze Nacht mit seinen Torwarthandschuhen fest.

Zimmer Nr. 8: Frings auf der linken Seite liegend, Rippe gebrochen.

Frings: Ist mir ganz egal, was Müller-Wohlfahrt sagt! Ich habe schon gegen die Ösis gemerkt, Torsten, irgendwo rechts ist 'ne Rippe gebrochen, aber es interessiert mich nicht. Auch wenn alle Rippen gebrochen sind, interessiert's mich nicht. *(Versucht sich im Bett umzudrehen. Stöhnt)* Ein arroganter Übersteiger von Ronaldo mit seiner Scheißfrisur und ich grätsch ihm morgen von hinten die Tomaten ab. *(Versucht sich wieder im Bett umzudrehen. Stöhnt)* Geht einfach nicht. Geht nicht, aber interessiert mich nicht. *(Schläft auf der linken Seite ein)*

Zimmer 11: Klose! Das Telefon klingelt.

Rezeption: Frau Klose am Apparat.

Klose: Sylwia! Jemand hat geschrieben, ich wäre wie Hamlet. Wer ist denn Hamlet?

Frau Klose: Wach auf, Miro! So langsam musst du dir klarmachen, dass das Turnier angefangen hat!

Klose: Ja, ja. Weißt du denn nun, wer Hamlet ist?

Frau Klose: Nein.

Klose: Weißt du wenigstens, wie unser drittes Baby heißt?

Frau Klose legt auf, Klose liegt die ganze Nacht wach.

Bei Arne Friedrich, bei Fritz und Borowski sowie Mertesacker brennt auch noch Licht. Odonkor sprintet die ganze

Nacht durch den rechten Flügel des Hotels. Ballack guckt auf Video immer wieder sein Tor gegen Österreich mit 121 km/h. Schweinsteiger hat ein Schild an seine Tür gehängt: »Poldi, bitte nicht stören, ich bin in der Bringschuld und muss schlafen.« Nur bei René Adler und Robert Enke ist Ruhe und das Licht aus. / Ende.

(Die Deutschen besiegten Portugal durch einen glänzenden Schweinsteiger mit 3:2. Er selbst erzielte das 1:0 und gab die Vorlagen für die Kopfballtore von Ballack und: Klose, er traf, er traf!)

5

Die Bundeskanzlerin schreibt ihren ersten Liebesbrief an Schweinsteiger

Angela Merkel hat das Spiel gegen Österreich zusammen mit Bastian Schweinsteiger von der Tribüne verfolgt und sich mit ihm 90 Minuten angeregt unterhalten. Beobachter hatten sogar den Eindruck, die Kanzlerin habe mehr in Schweinsteigers blassblaue Augen gesehen als auf den grünen Rasen. Nach dem Spiel gegen Portugal schreibt sie nun Schweinsteiger ihren ersten amourösen Brief.

1. Brief

Lieber Bastian Schweinsteiger,
   ich möchte mich noch einmal bedanken für das »Wunder von Basel« (3:2 für uns!) und auch für die schönen

Stunden auf der VIP-Tribüne gegen Österreich (1:0 für uns!). Ich war ausgesprochen froh, dass Sie gegen Kroatien eine Rote Karte erhalten haben, durch die ja unser Treffen erst möglich geworden ist. Ich habe soeben meinen Regierungssprecher die Mitteilung verbreiten lassen, »dass die Bundeskanzlerin« – also ich! –, »dass die Bundeskanzlerin die offene und frische Art von Herrn Schweinsteiger schätzt«. Ich möchte aber nun noch persönlich hinzufügen, dass es mich bewegte, wie Sie mir erklärten, was eine Coaching-Zone ist und was sich damals in Córdoba zugetragen hat. Ich fand es frisch und süß, weil Sie damals doch noch gar nicht geboren waren, und ich lebte in der DDR, im Sozialismus, lernte meinen ersten Mann Ulrich Merkel kennen, er war Physiker, mein zweiter Mann ist auch Physiker, gerade jetzt sitzt er wieder in seinem Arbeitszimmer und forscht, während ich hier ganz allein auf der Couch Italien gegen Spanien gucke, der würde überhaupt nicht auf die Idee kommen, mal rüberzukommen, um mir zu erklären, was eine Coaching-Zone ist.

Lieber Herr Schweinsteiger, als Sie dieses wunderbare Tor gegen Portugal geschossen haben, saß mein Mann wieder in seinem Zimmer und forschte, ich habe Ihr Tor ganz allein gesehen. Wie ein blonder Blitz bist Du herangestürmt, da ging ein Ruck durch mich, ich sage jetzt einfach »Du« – lass Du auch in Zukunft »Bundeskanzlerin« weg –, denn ich habe festgestellt, dass wir eine offene, frische Art miteinander haben und dass da auf der VIP-Tribüne auch ein Ruck durch Dich gegangen ist.

Lieber Basti, als vor ein paar Tagen im Schloss Meseberg George W. Bush etwas zu lang meinen Nacken streichelte, da habe ich nur an das Ernst-Happel-Stadion gedacht, an die VIP-Tribüne und an einen blonden Blitz, der in mein Leben kam. Mich umschwärmen die Regierungsmänner wie Motten das Licht. Wenn Nicolas Sarkozy stundenlang meine Hand küsst, ist mein Mann eifersüchtig, mein Mann heißt Joachim und hat zwei Eigenschaften: er forscht und er ist eifersüchtig. Nun weiß ich, dass Du eine neue Freundin hast, sie heißt Sarah, ihr habt euch in einer Szene-Boutique kennengelernt. Ich habe sie mir im Kanzleramt auf YouTube angesehen, nur so, sie ist Fotomodell und blond, kannst Du denn überhaupt mit ihr reden? Ist sie die Richtige? Du mit einem Model und ich mit einem Physiker – irgendetwas stimmt da nicht ... Frauen in Sarahs Alter sind flatterhaft, sie flattern wie ein Ball, es gibt so viele Menschen in der globalisierten Welt, die nur ins Fernsehen wollen und alles dafür tun würden.

Lass uns in Zukunft ein bisschen über die globalisierte Welt reden! Über das Leben. Über die EU. Über die Ehe. Wovon träumst Du? Willst Du Kinder? Wie soll eine Welt aussehen, in der unsere Kinder leben können? Ich bin Bundeskanzlerin, ich werde noch sehr lange die Geschicke dieses Landes lenken, sag mir einfach, was Du willst ☺. (Magst du Smilies?) Gestern habe ich zum Beispiel die Kieler Woche eröffnet, eben hat mich Obama angerufen, Joachim hat mir das Telefon gegeben und ganz mürrisch gesagt: »Obama!«, ich finde übrigens, ihr habt Ähnlichkeit, also nicht Du und Joachim, nee ☺, sondern Du und Obama, dieses Charismatische, dieses Blitzhafte, kennst Du eigentlich meine Homepage: www.angela-merkel.de? Wollen wir mal nach Bayreuth? Auf Deiner Homepage www.bastian-schweinsteiger.de schreibt Dir eine Dominique, ob Du sie vom 26. bis 29. Juli im Schullandheim Oberaudorf besuchen willst. Kriegst Du so etwas öfter?

Willst Du nicht lieber mit zum G-8-Gipfel nach Japan? Oder hau doch einfach einem Türken wieder einen vorn Latz und dann treffen wir uns zum Finale heimlich im Wiener Prater? Du hast interessante Augen. Ich lasse den Prater komplett absperren, Public Viewing, aber nur wir beide, und Du erklärst mir wieder, was Sache ist.

Oh, Joachim ruft! Irgendwas hat er wieder erforscht! »Angela?!«, wenn er so »Angela?!« ruft, dann hat er immer etwas erforscht!

Und mail mir wegen unserer Spritztour zum G-8-Gipfel an meinen Privataccount: angie@freenet.de

Gute Nacht.

6

Stille Tage in Ascona (Dramatische Szenen auf dem Wasser und zu Land)

Prolog:

Die Zeit vor dem Halbfinale gegen die Türken. Regenerationstage.

Die erste Szene spielt im Yoga-Raum der deutschen Nationalmannschaft in Ascona. Der Jivamukti- und Chef-Yogi des DFB-Teams sitzt im Lotussitz vor der deutschen Viererkette aus Arne Friedrich, Philipp Lahm und den Innenverteidigern Metzelder und Mertesacker, ebenfalls alle im Lotussitz.

I.

Der Yogi: Guten Morgen.

Die Viererkette: Guten Morgen!

Der Yogi: Die Jivamukti-Methode ist eine gute Methode. Sie führt den modernen Menschen wieder zurück zum verlorenen Wissen. Zum verlorenen Wissen von Balance und Heilung. Jivamukti bedeutet: befreite Seele. Wir befreien nun unsere Seelen.

Lahm: Aber das schaffen wir doch gar nicht mehr bis zum Türken-Spiel.

Der Yogi: Herr Lahm, es geht darum, die Türken nun einmal ganz aus dem Kopf zu lassen. Wir ziehen die Angespanntheit aus dem Körper durch Atmung. Wir beginnen mit intensiver Atmung. *(Atmet tief ein und aus)*

Die Viererkette atmet ebenfalls tief ein und wieder aus. Frings öffnet die Tür, starrt einen Augenblick die atmende Viererkette an und knallt die Tür wieder zu.

Der Yogi: Nun stellen wir uns vor, was wir ausatmend aus Geist und Körper entlassen wollen. *(Atmet aus)* Herr Metzelder, was wollen Sie ausatmend entlassen, sagen Sie es!

Metzelder: Die modernen Medien und Real Madrid! *(Atmet tief ein und wieder aus. Mit seinem Bart sieht er sogar* *aus wie eine Mischung aus Jesus und dem Erfinder der Jivamukti-Methode)*

DER YOGI: Sehr gut! Einatmen! Und ausatmen! Und entlassen!

METZELDER: Bernd Schuster, meinen Trainer, auch! Entlassen!

DER YOGI: Und ausatmen und entlassen! Und Sie, Herr Mertesacker?

MERTESACKER: Mir geht's gut.

DER YOGI: Keine Blockaden?

MERTESACKER: Nein.

DER YOGI: Aber ein- und ausatmen können Sie doch trotzdem?

MERTESACKER: Klar.

DER YOGI: Herr Lahm, was ist mit Ihnen?

LAHM: Sag ich nicht.

ARNE FRIEDRICH: *(Springt plötzlich aus dem Lotussitz auf)* Ich habe meinen Ferrari in Kreuzberg geparkt! Am Kottbusser Tor! Ist mir gerade eingefallen, beim Ausatmen! Da war ich vor Ascona noch was trinken! Mein Ferrari, der muss da doch Mittwochabend weg!? Was, wenn wir die Türken schlagen? ... dann ist doch am Kottbusser Tor Krawall ... Mein Ferrari! Kottbusser Tor!!!! ... *(Nimmt sein Handy und ruft Dieter Hoeneß an, den Manager von Hertha BSC)*

Der Rest der Viererkette atmet weiter ein und wieder aus.

II.

Am Nachmittag. Philipp Lahm und Kevin Kurányi im Ruderboot auf dem Lago Maggiore. Sie rudern vor sich hin.

LAHM: Wir sind ganz unterschiedliche Typen.

KURÁNYI: Meinst du wegen ich bei Schalke?

LAHM: Nein, so als Mensch. Wir sind beide moderne Menschen, aber ganz unterschiedlich.

KURÁNYI: Ach so.

LAHM: Hast du viele Affären?

KURÁNYI: Warum fragst du?

LAHM: Nur so. Ich denk mir, du hast bestimmt viele Affären.

KURÁNYI: Ich zieh oft mit Rakitić los.

Schweigen.

An ihnen vorbei fahren im Tretboot Jogi Löw und Hansi Flick, beide im weißen Hemd. Löw ist aufgestanden und schaut über den Lago Maggiore.

LÖW: Ich sehe das Ziel, Hansi, ich kann bis nach Wien sehen!

Hansi Flick gibt Jogi Löw einen professionellen Klaps auf den Hintern, sodass er in den Lago Maggiore fällt. Als Jogi Löw wieder auftaucht, lachen beide. An ihnen vorbei fahren, ebenfalls im Tretboot, Simon Rolfes und Hitzlsperger, die neue deutsche Doppelsechs. Sie bieten Jogi Löw ein Handtuch an, was Frings vom Ufer aus argwöhnisch beobachtet. Mitten auf dem See sieht man ganz allein Mario Gómez. Das Tretboot ist gefüllt mit Gurken, von denen er eine nach der anderen aufisst.

KURÁNYI *(Zu Lahm)* Guck mal, da hinten: Gurken-Gómesssss!

Tränen laufen über das Gesicht von Gómez.

GÓMEZ: Ich will nicht mehr leben. Wenn ich alle Gurken aufgegessen habe, gehe ich im See unter. *(Isst immer weiter, eine Gurke nach der anderen: Salatgurken, Schälgurken, Einlegegurken, Senfgurken ...)*

Die Sonne geht unter. Am Ufer steht Arne Friedrich und telefoniert. Seine Stimme tönt über den See.

FRIEDRICH: Ich muss Hoeneß persönlich sprechen! ... Am Kottbusser Tor! Bei den Türken, sage ich doch ... Wenn Hoeneß den nicht umparkt, muss ich eben ... Was mir wichtiger ist? Das Finale oder mein FERRARI?? Na, raten Sie mal!

Es wird dunkel. / Ende.

(Die Deutschen besiegten ohne Gómez die Türken in einem dramatischen Spiel mit 3:2. Boral hatte die Türkei in Führung gebracht, Schweinsteiger noch vor der Pause ausgeglichen. Ab der 79. Minute überschlugen sich die Ereignisse: Klose traf per Kopf, Şentürk glich vier Minuten vor Schluss aus, Lahm erzielte in der letzten Minute den Siegtreffer, was den Außenverteidiger in Ekstase versetzte. Deutschland stand im Finale gegen Spanien.)

7

Also sprach Metzelder zu Mertesacker
(Dramatische Szenen zu Land, auf und unter dem Wasser)

Prolog:

Es ist der letzte Tag vor der Abreise nach Wien zum Finale! Elf große Schwäne schwimmen langsam über den Lago Maggiore. Sie beobachten Mario Gómez, der immer noch in seinem Boot voller Gurken sitzt. In der Ferne läuten die Kirchenglocken von Ascona. Metzelder und Mertesacker gehen am See spazieren.

Mertesacker: Was liest du gerade?

Metzelder: Aristoteles.

Mertesacker: Hochinteressant.

Metzelder: Ja.

Mertesacker: Ich lese die Weisheiten des Laotse.

Metzelder: Ah. Gut.

Sie legen beide die Arme hinter dem Rücken zusammen und blicken über den See und den Kanton Tessin.

Mertesacker: Ich glaube, wir sind die intelligentesten Menschen weit und breit.

Metzelder: Ich stimme zu.

Pause.

Metzelder: Scheiße ist eigentlich nur, dass wir Sonntag die Innenverteidigung gegen Spanien bilden müssen.

Ein schwüler Wind weht und wühlt den See auf. Frings macht Picknick am Ufer und isst seit den Morgenstunden Rippchen. Lehmann sitzt im Lotussitz mit Torwarthandschuhen auf einem Hügel und konzentriert sich. David Odonkor rennt wie ein Wahnsinniger um den gesamten See und will noch die Welt von seinen Stärken überzeugen. Trochowski und Borowski laufen durch die Altstadt von Ascona und warten darauf, dass sie erkannt werden. Ballack putzt sich im Zimmer die Zähne und schreibt mit Zahnpasta »Nie wieder Zweiter!« über den Badezimmerspiegel. Aus dem Zimmer von Kevin Kurányi tönt leise Flamenco-Musik. Plötzlich hört man zwei vertraute Stimmen.

JOGI LÖW: Hansi?

HANSI FLICK: Ja, Jogi?

Hansi Flick und Jogi Löw sitzen in schneeweißen Hemden in einem Elektroauto und fahren auf das Trainingsgelände zu. Hinten auf Löws Taktik-Anhänger befinden sich Hütchen, Stangen und die im Fußball sogenannten »stummen Diener«, in diesem Fall rot-gelbe Metallfiguren mit den Köpfen der spanischen Spieler Torres, Silva, Ramos, Xavi, Iniesta, Capdevila usw. ...

JOGI LÖW: Du fährst ganz schön schnell, Hansi. *(Dreht sich ängstlich zu seinem Taktik-Anhänger um)* Gleich fällt Fernando Torres runter!

HANSI FLICK: Ist doch egal, Jogi.

JOGI LÖW: Ist nicht egal! Ich muss damit das Spiel simulieren. Wir müssen unsere Taktik für die Spanier simulieren!

HANSI FLICK: Die Türken haben wir doch auch simuliert, und dann haben die plötzlich ganz anders gespielt.

JOGI LÖW: Nein, die Türken haben nicht anders gespielt! Wir haben sie nur mangelhaft simuliert, du mit deiner Raserei! *(Dreht sich wieder um)* Gleich fällt Fernando Torres runter, fahr langsamer! Als wir das letzte Mal auf dem Übungsgelände ankamen, waren Hamit Altintop, Ugur Boral und Mehmet Aurélio runtergefallen und fehlten, als wir das türkische Spiel simulierten! Und was ist am Ende im wirklichen Leben passiert? Wer fühlte sich für Ugur Boral verantwortlich, als der plötzlich auftauchte wie aus dem Nichts? Keiner wusste, wer Ugur Boral ist! Keiner hatte Ugur Boral jemals gesehen! Keiner konnte Ugur Boral berechnen!

HANSI FLICK: Ugur, Ugur, Ugur! Ich fahr so gern Vollspeed Elektroauto!

JOGI LÖW: Fahr langsamer! Ich will Europameister werden! Du sollst bremsen, Hansi! *(Klammert sich am Windschutz des Elektroautos fest)* Ramos ist runtergefallen, halt an!

Hansi Flick fährt plötzlich eine scharfe Kurve, sodass das gesamte Mittelfeld der Spanier mit Iniesta, Xavi, Fábregas und Silva aus dem Taktik-Anhänger fällt. Dann rast Flick nicht auf das Übungsgelände zu, sondern auf den Lago Maggiore.

JOGI LÖW: Hansi??

HANSI FLICK: Ja, Jogi?

JOGI LÖW: Da kommt gleich der See!

HANSI FLICK: Lass uns Schluss machen mit Taktik! Lass uns einfach alles nur noch mit Mut machen! Wir müssen da reingehen wie die Irren! Ich weiß jetzt den Weg, Jogi! Wie die Irren! Mit Mut, Jogi! Mut! ...

... Sie rasen noch schneller auf den See zu, es sind nur noch zwanzig Meter. Die letzten Worte von Flick übertönen den hochtourenden Motor.

HANSI FLICK: Fiiii-naaaa-le-ohohoho!

Jogi Löw und Hansi Flick sind bereits unter Wasser, der Taktik-Anhänger sinkt wie einst die Titanic auf den Grund des Sees. Jogi Löw will noch sagen: »Fahr langsamer! Unser EM-Motto war doch Bergtour, Hansi!«, man hört jedoch nur noch »Gluck, Gluck«. In das »Gluck, Gluck« von Löw hinein läuten noch einmal die Glocken von Ascona. Die elf Schwäne schwimmen in einem geordneten 4-4-2 der Abendsonne entgegen. / Ende.

(Die deutsche Mannschaft unterlag im EM-Finale Spanien durch ein Tor von Fernando Torres mit 0:1.)

2010:
DIE WM IN SÜDAFRIKA

Die Liebe ist rund – Angela Merkels Liebesbriefe an Bastian Schweinsteiger (Nr. 2 bis Nr. 7) und ein weiterer an Mesut Özil (Der Migrationsbrief)

In Wien bei der EM, auf der Tribüne des Ernst-Happel-Stadions, haben sie sich kennengelernt, wenige Tage später schrieb die Bundeskanzlerin ihren ersten Brief an den blonden Mittelfeldspieler. (Siehe Seite 87) Nun, zwei Jahre später, zur WM 2010, knüpft die Kanzlerin an die damalige Begegnung an und schreibt durch alle Koalitionskrisen, Finanzkrisen, globalen Krisen und Krisen mit dem Bundespräsidenten hindurch zu jedem WM-Spiel der Deutschen einen Brief an Bastian Schweinsteiger nach Südafrika. Der erste der amourösen WM-Briefe ist vom 13. Juni, dem Tag des ersten Spiels der deutschen Mannschaft in der Gruppe D gegen Australien. Die Deutschen müssen auf Ballack, den verletzten Kapitän, verzichten.

2. Brief

Lieber Basti,

erinnerst Du Dich noch an meinen ersten Brief? Ich saß nach einem langen Tag am Abend auf meiner Couch und sah Dich im Fernsehen, bei der EM! Du trugst sehr blondes Haar, und ich war Gott sei Dank ohne meinen Mann auf der Couch. Mir kam sofort unsere Begegnung in Wien in den Sinn, als wir nebeneinander auf der Tribüne saßen, ich hatte den Dr. Theo Zwanziger extra neben diesen Hansi Flick setzen lassen, damit DU neben mir sitzt, ich bin nun mal die Bundeskanzlerin und entscheide, was richtig ist. Du warst mir schon beim Spiel gegen Kroatien aufgefallen, und ich fand es männlich und solide, wie Du den einen Kroaten auf das Allerhärteste umgehauen hast, weil sein vorangegangenes Foul in dieser Form nicht zu akzeptieren war. Und die anschließende Rote Karte hat Dich dann zu mir auf die Tribüne geführt, das war Schicksal.

Ich schreibe Dir heute, weil ich zum ersten Spiel gegen Australien alles Gute wünschen will. Wie war denn der Flug nach Südafrika? Ich habe Dich in einer Zeitung neben dieser blonden Sängerin, dieser Shakira, im Flugzeug gesehen, in der ersten Klasse. Ich dachte, ihr seid nur Business geflogen, diese Sängerin flog aber erste Klasse, bist Du da nachts einfach rübergegangen? Bist Du noch mit Sarah zusammen, die ist doch auch blond?

Joachim, mein Mann, sitzt gerade wieder in seinem Zimmer und forscht, ich führe eine Ehe, die ist noch bescheuerter als die Koalition mit der FDP. Heute hatte ich wieder den ganzen Tag Opel und Sparpaket, ich weiß nicht, Basti, ob Du in Südafrika mitkriegst, was hier los ist in Deutschland! Da gehen wir den Arbeitslosen und Familien so richtig an den Geldbeutel, wie man das eben so macht als CDU und FDP, und dann steht plötzlich mein eigener Wirtschaftsrat auf und sagt: »Die Reichen wollen auch einen Beitrag leisten!« Hat der sie noch alle?? Basti, frag mal unter Deinen Kollegen nach, ihr seid doch alle Millionäre, ob da einer von euch FREI-WILLIG mehr Steuern zahlen will! Das würde mich interessieren!

Legst Du Dein Geld gut an? Das ist ja gar nicht mehr so einfach. Ich setze immer mit Zertifikaten auf einen fallenden Euro, klappt ganz gut. Kauf bloß keine Staatsanleihen, Basti, auch nicht bei uns, vielleicht sind das bald Schrottpapiere!

Kommen wir zum Spiel. Habt ihr eine gute Taktik für heute? Nach allem, was ich höre, hast Du Dich gut entwickelt. Es fiel sogar das Wort »Emotional Leader«, so werde ich auch genannt. Wir beide, Basti!

Bist Du froh, dass der Ballack endlich weg ist? Bei euch helfen oft die Verletzungen der anderen, um in die richtige Position zu kommen, ich muss in der Politik immer alle selbst vom Feld räumen. Kann ich ja ganz gut.

Hast Du in Südafrika mitbekommen, wie ich den neuen Bundespräsidenten ausgesucht habe? (Der alte ist plötzlich einfach weg!) Erst habe ich die Ursula von der Leyen glauben lassen, sie wird's, weil die auch glaubt, die könne alles erreichen, nur weil sie sieben Kinder hat, nee, Wulff wird's! Da hat die Ursula vielleicht aus der Wäsche geguckt, muss sie vielleicht noch 'n achtes Kind machen, lach, nee, Wulff wird's, der aus Hannover, der immer als kommender CDU-Kanzler gehandelt wurde, dieses angezogene Stück Seife. Ab ins Bellevue und tschüss! ☺

Noch mal zum Spiel: Schieß ein Tor! Schieß es bitte für mich, für Deutschland. Das ist nicht einfach nur ein Spiel, es geht hier momentan auch ums Emotionale bei uns in Deutschland. Da musst Du fit sein, darum geht es nicht, dass Du nachts durch Flugzeuge steigst, um mit dieser blonden Khedira ... – was weiß denn ich? Ihr habt auf dem Foto zerzaust ausgesehen!

Ich drück die Daumen für heute Abend, vielleicht schicke ich Dir in der Halbzeit eine SMS!

Deine Angie

(Die deutsche Mannschaft startete mit einem glänzenden 4:0 gegen Australien. Klose, der sich vor dem WM-Auftakt wiederum in einer traurigen Krise befunden hatte, erzielte das zweite Tor mit dem Kopf. Ferner trafen Podolski (der Halbpole!), Cacau (Halbbrasilianer!) und der neue Stern am deutschen Fußballhimmel: Müller, Thomas.)

3. Brief

18. Juni. Am Tag des Spiels gegen Serbien in Port Elizabeth. Schweinsteiger soll wieder mit Khedira die zentrale Doppel-Sechs bilden und den serbischen Spielaufbau unterbinden, Merkel will Gauck als Bundespräsidenten verhindern und erwartet Horst Seehofer in ihrem Büro.

Lieber Basti!

Glückwunsch zum Sieg gegen Australien (4:0 für uns!), das war sehr ansehnlich vorgetragen, und nun bin ich davon überzeugt, dass wir auch heute die Serben dorthin zurückschicken werden, wo sie hingehören, nämlich auf den Balkan.

Im Spiel gegen »Aussschtralien« (Löw sagt immer »Aussschtralien«, wie süß), da warst Du der Beste! Wieder war deutlich zu sehen, wie ähnlich wir uns sind im Führungsstil. Du spielst wie eine Kanzlerin! Man kann ja so ein Fußballfeld aufteilen in ein Innen- und Außenministerium und in ein Verteidigungsministerium, vielleicht noch in ein Ministerium für Umweltschutz und ReakTORsicherheit, aber Du bist eindeutig das KANZLERAMT, bei Dir laufen alle Fäden zusammen. Darum hat es mich auch gestört, dass danach so viel von diesem Müller gesprochen wurde. Diese ZDF-Moderatorin redete die ganze Zeit vom »frischen Müller«. (Tja, man soll einfach keine Frauen Fußball kommentieren lassen!)

Ich finde, Du warst der Frischeste!! Wenn Dich dieses Müllergerede nervt, mach's so wie ich mit Karl-Theodor zu Guttenberg, den finden ja auch alle so toll und frisch, und da habe ich einfach mal von Pofalla, meinem Minister für besondere Aufgaben, heimlich ein Gutachten anfertigen lassen. Willst Du, dass Pofalla mal ein Gutachten über den »frischen Müller« anfertigt? Und dann schicken wir das an die »Bildzeitung«, wirst sehen, danach wird der Müller sich aber nicht mehr so frisch aus dem Fenster lehnen! Sag einfach Bescheid und der Pofalla macht das.

Hast Du noch Schnupfen? In der Zeitung stand gestern, dass Du Schnupfen hast. Ich hoffe, das war eine Falschmeldung, wie so oft.

Basti, wie kommst Du denn mit den Tröten, diesen Vuvuzelas zurecht? Vor ein paar Tagen, als hier bei uns zu Hause der alte Bundespräsident mit einem Großen Zapfenstreich verabschiedet wurde, habe ich mir vorgestellt: Die Bundeswehrkapelle nimmt jetzt einfach diese Vuvuzelas und trötet! Und zwar so lange, bis Wulff im Bellevue sitzt! Dann muss ich mir nicht mehr das ganze Gerede bis Ende Juni anhören, hier schreiben die Zeitungen ständig von Neuwahlen und Gauck, GAUCK. YES, WE GAUCK, der nervt mich schon wie Dich dieser MÜLLER!

Ich würde jetzt am liebsten bis zur Sommerpause mit den VUVUZELAS durchtröten lassen! Herr Gabriel von der SPD würde mir völlig zugetrötet bestimmt wieder eine SMS schicken:

»Sehr geehrte Frau Bundeskanzlerin. Ich habe Verständnis für die Vorbereitung einer Kandidatur für das Amt des Bundespräsidenten, aber stellen Sie im Namen des Volkes diese TRÖTEN ab, wir Sozialdemokraten und auch Bündnis 90/Die Grünen werden daran zugrunde gehen! Bitte, bitte, geben Sie Vuvu-Stops! Vuvu-Ohrenstöpsel, Frau Bundeskanzlerin, bitte, bitte!«

Und ich antworte: »Danke für die Info«, ganz knapp, mach ich immer so, und dann lass ich weitertröten, die sollen alle Trötinus bekommen!, ich geb doch keine Vuvu-Ohrenstöpsel!

Wie findest Du eigentlich Westerwelle? Wenn Du, Basti, die Wahl hättest zwischen Westerwelle als Koalitionspartner und einer Vuvuzela direkt am Ohr, was würdest Du nehmen? Ich würde jetzt immer die Vuvuzela direkt am Ohr wählen, da muss ich gar nicht lange überlegen. Immer noch besser als diese Nervwelle!

So, Basti, Du musst gleich gegen die Serben ran, und

zu mir ins Büro kommt wieder Seehofer, die FDP hat den »Wildsau« genannt, weil er die FDP als »Gurkentruppe« bezeichnet hat, ich finde beides stimmt: Gurkentruppe und Wildsau! Du, Basti, wenn ich die Wahl hätte zwischen Serben und Seehofer, ich würde immer die Serben nehmen!

Ich wünsche Dir ein gutes, erfolgreiches Spiel heute, spiele wieder wie die Kanzlerin, dann tippe ich auf ein glattes 2:0. Und wenn's Elfmeter gibt, schießt Du. Und wenn Du schießt, vergiss bitte nicht, dass ich in Gedanken bei Dir bin, obwohl eine Wildsau neben mir sitzt.

Irgendwann, Basti, wird man uns beide vergleichen, so wie man Willy Brandt mit Günter Netzer verglichen hat. Merkel und Schweinsteiger! Die Liebe ist rund. Die Liebe ist rund und hat vier Augen und zweimal Nasen und Mund, heißt es in einem alten Lied.

So, mein Basti, ich schreibe Dir wieder, wenn Du gegen Ghana spielst. Meine Briefe kommen zu Dir in den südafrikanischen Winter wie ein schöner Adventskalender – bis wir beide Weltmeister sind!

Deine Angie

(Die deutsche Mannschaft unterlag Serbien mit 0:1. Klose sah bereits in der 37. Minute Gelb/Rot, Podolski verschoss einen Handelfmeter in der 60. Minute, Jogi Löw schmetterte eine Wasserflasche auf den Rasen.)

4. Brief

23. Juni. Am Tag des Spiels gegen Ghana. Schweinsteiger bereitet sich in Johannesburg auf das entscheidende letzte Gruppenspiel vor, Merkel in Berlin auf die Bundesversammlung.

Lieber Basti,

hatte ich nicht im letzten Brief geschrieben, dass Du den Elfmeter gegen Serbien schießen sollst?! Ich verfolgte das Spiel bei mir im Kanzlerbüro und dachte, ich seh' nicht richtig: Podolski?? Sofort griff ich zum ROTEN TELEFON, aber zu spät! Verschossen! Verloren! Hab' ich eine Wut gehabt, fast hätte ich das Telefon auf den Boden geschmettert! Du hättest Dir den Ball von diesem Podolski nicht wegnehmen lassen dürfen, Du solltest schießen! Hat er Dir den Ball aus der Hand geklaut? Der ist doch Halbpole, oder? Die ganze gute Stimmung im Land ist dahin! So schnell konnte ich mit dem ROTEN TELEFON gar nicht hinterherwählen, wie dieser Halbpole verschossen hat!

Und sag' mal, war an Deinem Trikot noch das Preisschild dran? Du hattest gegen Serbien die ganze Zeit so ein blaues Schild am Nacken? Wer hat Dich denn so vor die Tür gelassen? Du kannst doch nicht mit Preisschild hinten dran im Fernsehen auftreten!

Außerdem hab' ich Deine Freundin auf der Tribüne gesehen. Auch in der »Tagesschau« bei Dir hinten drauf auf einem Motorrad. Soso! Machst Du jetzt mit ihr Safari und Spritztouren, anstatt zu üben für gegen Ghana? Sarah heißt sie ja, sie wird immer blonder, ich weiß nicht, ob das gut ist. Ich weiß auch nicht, ob es gut ist, dass sie auf der Tribüne sitzt und auf Deinem Motorrad. Gegen Australien saß sie nicht da, und wir haben gewonnen. Und gegen Serbien saß sie da – und Du weißt, wie das Spiel ausgegangen ist ...

Heute gegen Ghana, Basti! Wie sich mal wieder unsere Leben ähneln! Für Dich geht es heute um alles, und mir steht die Bundesversammlung bevor! Bei Dir fehlt Klose (so ein Idiot, Rote Karte!), bei mir fehlen sechs Stimmen von der FDP (auch Idioten, die müsste man mit Roten Karten aus der Bundesversammlung werfen), aber ich kriege das schon hin. Ich rechne Dir das mal eben vor: Eine Bundesversammlung hat 1244 Delegierte, ich brauch' für Wulff 623 Stimmen. Ich hab' sogar 21 mehr, minus 6 natürlich von diesen FDP-Idioten, macht aber immer noch 15 mehr! Also nach meinen Berechnungen 638 Stimmen! Verstanden?

Gut, es gibt ein paar, denen ich es aus reiner Bosheit zutrauen würde, für diesen Gauck zu stimmen. Guttenberg, der Baron aus Bayern, zum Beispiel, der will sich für meine Pofalla-Sache rächen! (Ich habe Dir doch geschrieben, was ich mir mit Pofalla gegen Guttenberg ausgedacht hatte, weil ich mir denke, dass Du das bald mal gegen diesen Müller so machen musst, denn es wird zu viel über Müller geredet und man kann nicht immer auf einen Boapeng wie bei Ballack hoffen, also nimm Pofalla!)

Zurück zu Guttenberg: Er wird heimlich Gauck wählen, weil er sowieso meinen Posten will, aber den kriegt er nicht, den Guttenberg schaff' ich auch noch, denn wer Kohl schafft, schafft locker Guttenberg! Kohl schaffen und dann an Guttenberg scheitern?, nein! Seehofer, klar, die Wildsau, die kann mir das mit der Kopfpauschale immer noch nicht vergessen und wählt auch heimlich

Gauck. Die Obermama von der Leyen, klar, die jetzt wohl noch ein achtes und neuntes Kind zeugen muss, bevor sie in diesem Land was Richtiges wird, die hasst mich, seitdem ich doch lieber Wulff genommen hab'. Eigentlich geht es gar nicht um Wulff. Wulff ist ein Statist.

Bei Schäuble bin ich mir auch nicht sicher. Glaubst Du, Schäuble verübelt mir, dass er weder Kanzler noch Bundespräsident, sondern nur Finanzminister geworden ist, obwohl's nun im Grunde überhaupt keine Finanzen mehr gibt, also kein Geld?

Ich habe, wenn ich an die Bundesversammlung denke, ein richtiges Ghana-Gefühl, Basti. Entweder es geht glatt, oder es bricht eine Katastrophe in Deutschland aus.

Was ist denn bei den Franzosen los? Hast Du das gehört? Da soll einer zum Trainer gesagt haben: »F ... PUNKT, PUNKT, PUNKT ... IN DEN A ... PUNKT, PUNKT, PUNKT??!«, ich hab sofort Sarkozy angerufen und gesagt: »Na, Nicolas, das sind ja Sitten bei euch! F ... PUNKT, PUNKT, PUNKT ... IN DEN A ... PUNKT, PUNKT, PUNKT??! So was kommt bei uns im deutschen Sprachgebrauch gar nicht vor!! Aber mir erklären wollen, wie man seriös spart!!!«

Noch mal zur Bundesversammlung. Eben kam Westerwelle in mein Büro und fragte mit seiner Nervstimme: »Frau Bundeskanzlerin, meinen Sie denn, mit der Bundesversammlung geht alles glatt? Wenn nicht, gibt's doch vielleicht NEUWAHLEN, und dann????«

Weißt Du, was ich gesagt habe, Basti? »Dann sind Sie arbeitslos, Guido! Sie bekommen bei Neuwahlen doch jetzt sogar weniger als die Partei Bibeltreuer Christen!«

Das saß wie bei Boapeng. Guido schlotterte und fragte

ganz leise: »Partei Bibeltreuer Christen??? Also, weniger als 1 Prozent?!?!?«

»Ja!«, sagte ich. »Vielleicht sogar unter null! Und nun bring mal schön Deine FDP-Gurkentruppe auf Vordermann, damit es kein Serbien gibt in der Versammlung!«

So, ich muss Schluss machen. Du Ghana, ich Bundesversammlung. Wir beide schaffen das, der Ball ist rund.

Deine Angie.

(Die Deutschen besiegten Ghana in einem mäßigen Spiel durch ein Tor von Mesut Özil und qualifizierten sich für das Achtelfinale gegen England in Bloemfontein. Merkel setzte wenig später in der Bundesversammlung erst im dritten Wahlgang ihren Kandidaten mit 625 Stimmen durch.)

5. Brief

27. Juni. Am Tag des Achtelfinales gegen England. Schweinsteiger hat muskuläre Probleme, Merkel Gipfeltreffen der G20. Sie trifft in Toronto auf Berlusconi, den Ministerpräsidenten aus dem Land des Weltmeisters, das gerade gegen die Slowakei 2:3 verloren hat und damit in der Vorrunde kläglich ausgeschieden ist.

Lieber Basti,

ich schreibe Dir heute aus Toronto vom Gipfeltreffen der G20. Du kannst Dir nicht vorstellen, was hier los ist. Eben ist Berlusconi beim Champagnerempfang auf Dmitri Medwedew, den Russen, losgeschossen: »Warum gibt's überhaupt die Slowakei??!! Warum seid ihr da nicht einmarschiert??!« Ich dacht', ich hör' nicht richtig!

»Silvio!«, habe ich zu Berlusconi gesagt, »Silvio, die Slowakei ist ein eigenständiger Staat und in der NATO! Außerdem haben die Slowaken euch mit einer guten Leistung verdient 3:2 besiegt! Außer Pizza kriegt Italien gar nix mehr gebacken!«

Sarkozy, der Franzose, hat einen Lachanfall bekommen bei der Sache mit der Pizza. Und dann, Du glaubst es nicht, ist Berlusconi dem Sarkozy wie Boapeng dem Ballack auf den Fuß getreten und gesagt: »Ihr Franzosen mit euren Von-hinten-in-den-Arsch-Geschichten! Ihr seid schlimmer als die katholische Kirche!«

»Jesses Maria, ist das etwa eine Anspielung auf F ... PUNKT, PUNKT, PUNKT ... IN DEN A ... PUNKT, PUNKT, PUNKT??«, flüsterte ich zu dem Russen und zum Japaner, und dann wollte Obama vermitteln, aber Berlusconi ist völlig ausgerastet: »Euer US-Torjäger ist doch schwul! Warum bombt ihr nicht die Slowakei weg, Du Halbbimbo??!«, hat er geschrien, und Obama hat nur entgeistert seine Berater angeguckt. »Halbbimbo« zum amerikanischen Staatspräsidenten zu sagen, Berlusconi hat doch eine Vollmeise, und was hat denn ein schwuler US-Torjäger mit Bomben auf die Slowakei zu tun? Nichts! Der Japaner stand nur da, lächelte und sagte immer: »Honda!, Honda!, Honda!« (Heißen so auch die Spieler??), ich glaube, der ist gaga, gaga, seitdem die Japaner im Achtelfinale sind.

Eben kam der neue britische Premier auf mich zu, um sich vorzustellen, aber ich habe nur gesagt: »Na, Du Engländer, Sonntag wieder Elfmeterschießen und dann ab zurück auf die Insel, goodbye!«

Hier ist wirklich was los in Toronto. Wir werden von 12 000 Polizisten bewacht, die ganze Gipfelei kostet 880

Millionen Euro, und eigentlich sollen wir hier über Sparmaßnahmen sprechen und den Finanzmarkt regulieren ...

Nun zu Dir. Meine Berater haben mir erzählt, dass Du muskuläre Probleme hast und vielleicht gegen England nicht spielen kannst? Das betrübt mich. Nimm bitte Arnikasalbe von Weleda und trage sie ganz dick auf die Stelle auf.

Hast Du vielleicht mit Sarah zu viel unternommen? Man bekommt doch nicht nur wegen Ghana muskuläre Probleme? Du kennst meine Meinung über Sarahs Aufenthalt in Südafrika! Meinst Du, ich nehme Joachim nach Kanada mit zum Gipfel?

Ich erwarte, dass Du gegen England fit bist, und ich schreibe Dir dies als Bundeskanzlerin.

Außerdem habe ich noch einen Brief an Özil beigelegt, den Du ihm bitte übergeben wirst, es ist der sogenannte Migrationsbrief.

Mit Grüßen aus Toronto, A. M.

Brief an Mesut Özil (Der Migrationsbrief)

Lieber Mesut Özil!

Ich übermittele Ihnen aus Kanada vom Gipfel meinen herzlichsten Dank für Ihr Tor gegen Ghana (1:0 für uns!), womit Sie mich und mein Land in das Achtelfinale gegen England geschossen haben. Ich habe soeben meinen Regierungssprecher die Mitteilung verbreiten lassen, »dass die Bundeskanzlerin« – also ich! –, »dass die Bundeskanzlerin die frische Art von Herrn Özil schätzt«.

Lieber Herr Özil, als Ihre Eltern sich entschieden, aus

der Türkei nach Deutschland einzuwandern, wussten sie noch nicht, wie viel Sie einmal für dieses Land leisten würden. Und als Sie dann in Gelsenkirchen geboren wurden, bereitete ich gerade die deutsche Einheit vor, lernte meinen zweiten Mann kennen, er ist Physiker, die meiste Zeit forscht er, sodass ich Dein Tor gegen Ghana ganz allein genießen konnte. Ich sage jetzt einfach »Du« – lass Du auch in Zukunft »Bundeskanzlerin« weg –, ich habe nämlich festgestellt, dass Dein Tor eine befreiende Wirkung auf das ganze Land ausgeübt hat, von der Maas bis an die Memel und bis zur Meerenge des Bosporus.

Lieber Mesut, als vorhin Barack Obama wieder seinen Arm um mich legte, da habe ich nur an Dein prächtiges Tor gegen Ghana gedacht. Ihr seht euch ja auch ein bisschen ähnlich, Du und Obama, dieser leichte, lockere Gang, diese stechenden Augen! Soll ich Dir Obama mal vorstellen? Wäre kein Problem. Allerdings habe ich gelesen, dass Deine Freundin, Anna-Maria heißt sie, zum Islam konvertiert ist. Ich weiß nicht, wie die Amerikaner das finden, wenn eine Frau aus Delmenhorst zum Islam konvertiert, vielleicht müssten wir das mit Obama ohne Anna-Maria machen. (Sie soll jetzt »Melek« heißen, hab ich gelesen, willst Du, dass ich diesen Brief mit »Merek« zeichne oder mit Anglek Merkut?)

Mein Minister für besondere Aufgaben, Ronald Pofalla, hat ein Gutachten über die Frau anfertigen lassen, die Du, Mesut, heiraten willst. Noch ist sie mit einem anderen Profi namens Pekka Lagerblom verheiratet. Er ist Finne, und da will sie jetzt einfach zu einem Mann mit türkischen Wurzeln wechseln?, fragt Pofalla. Sie war vor dem Finnen schon mit einem Tänzer aus der Popband ihrer Schwester verheiratet. Das wäre jetzt, meint Pofalla, die dritte Ehe in ein paar Jahren! Darüber solltest Du nachdenken. Es gibt flatterhafte Frauen, die unberechenbarer sind als ein WM-Ball und die alle ins Fernsehen wollen, dafür gehen sie sogar von Finnland bis an den Bosporus, obwohl sie nach Delmenhorst gehören!

Wenn Du Fragen hast, was die Ehe betrifft, mail mir an meinen Privataccount: angie@freenet.de. Ich muss jetzt zum Staatsbankett, Berlusconi und Sarkozy klopfen schon an die Tür meiner Suite.

Deine »Anglek Merkut« ☺

PS: Und gegen England schießt Du den Elfmeter, Mesut. Du hast den strammsten Schuss!

(44 Jahre nach dem berühmtesten Tor der Welt durch Geoffrey Hurst gegen Deutschland im WM-Finale von 1966, dem »Wembley-Tor«, das eindeutig keines war, erzielten nun die Engländer durch Frank Lampard ein ähnliches WM-Tor, das nicht anerkannt wurde, aber diesmal eindeutig eines war. Englische Wettbüros werteten Lampards Schuss als Treffer. Dennoch besiegte Deutschland das englische Königreich durch Tore von Klose, Podolski und zweimal Müller mit 4:1.)

6. Brief an Schweinsteiger

3. Juli. Am Tag des Viertelfinales gegen Argentinien. Schweinsteiger hat seine muskulären Probleme überwunden, Merkel setzt sich in die Regierungsmaschine nach Kapstadt.

Lieber Basti,

ich bin bewegt. Der beeindruckende Sieg gegen England (4:1 für uns!) hat mich mit aller Nachhaltigkeit bewegt. Ich hatte Dir ja geschrieben, dass ich den Klassiker Deutschland gegen England auf dem Gipfel in Kanada schauen würde, zusammen mit dem englischen Premier. Herr Cameron neben mir auf dem Sofa ist immer kleiner geworden, aber bei diesem einen Schuss ist er plötzlich aufgesprungen und hat geschrien: »The ball was in!!!«, also »Der Ball war drin!!!«.

Ich habe gesagt: »Thank you for the info«, und mir die Zeitlupe angeguckt. Du, Basti, der war ja wirklich drin!

Mr. Cameron hat überhaupt nicht mehr aufgehört zu schreien: »Mrs. Merkel, the ball was IN!« »Yes«, habe ich geantwortet, »but nun he is wieder OUT, Mr. Cameron! That's life.« »So ist das Leben.«

Ob etwas drin ist oder nicht, entscheidet der Schiedsrichter, und ob in Deutschland etwas drin ist oder nicht, entscheide ich! Schau' Dir das Ergebnis der Bundesversammlung zur Wahl des Bundespräsidenten an! Ich sagte Wulff, das Volk sagte Gauck. Und wer ist drin? WULFF! Das Volk hatte mit Gauck ein Tor geschossen, dachte es. Aber ich habe es überhaupt nicht zur Kenntnis genommen, dafür brauch' ich nicht mal Linienrichter, ich hab' einfach WULFF ganz allein ins Bellevue geschossen!

So. Heute gegen Argentinien. Ich komme! Ich werde da sein! Wenn Du diesen Brief liest, sitze ich schon in der Regierungsmaschine! Während dieser langweiligen Bundesversammlung habe ich mir überlegt, dass ich vielleicht Wulff mitnehme und ihn in Südafrika präsentiere. Ich hab mich zu ihm rübergelehnt und gesagt: »Wulff, in ein paar

Tagen, wenn der ganze Mist hier vorbei ist, fahren wir nach Südafrika! Damit Du mal ein bisschen Farbe bekommst!« Er war ganz aufgeregt und hat gesagt: »Eine Reise nach Südafrika! Da komm ich gerne mit, ist das gratis?«

Schmier Dir wieder die Arnika-Salbe von Weleda auf die Muskeln und dann zeig' den Gauchos und Pferdezüchtern mal, wo's langgeht! Maradona, diese Presswurst im Anzug, dieser rollende Kokain-Castro, dieser Möchtegern-Mario-Adorf, der knutscht doch seine Spieler nur noch! Die wissen gar nicht mehr, was Disziplin und Peitsche ist!

Und sag' Jogi und seinem süßen Flick, dass sie wieder die hellblauen Pullis anziehen sollen! (Gehen die eigentlich zusammen shoppen?) Diese dunklen Helmut-Kohl-Strickjacken wie gegen Serbien gehen gar nicht! Die hellblauen bitte!

Hast Du gehört, was man mit den Spielern von Nordkorea gemacht hat? (0:7 gegen Portugal!) Kaum waren sie in Pjöngjang eingetroffen, wurden sie von Präsident Kim Jong-il bei lebendigem Leibe in die Atomsprengköpfe der Interkontinentalrakete »Taepodong« eingebaut, die bald auf Amerika abgeschossen werden soll.

So etwas ist in Deutschland unter Angela Merkel undenkbar! Niemals würde ich Dich, Basti, nach einer schlechten Leistung in Raketen einbauen und nach Afghanistan oder so wegschießen, aber ich erwarte mir heute schon einen Sieg gegen Argentinien, wenn ich auf der Tribüne sitze, es geht ja schließlich auch um die Macht der Bilder.

Hast Du den anderen Brief Mesut Özil gegeben? Ich habe Mesut geschrieben, dass ich skeptisch bin, was seine neue Freundin Anna-Maria betrifft, die sich jetzt plötzlich

»Melek« nennt, weil sie zum Islam konvertiert ist! Eine Frau aus Delmenhorst konvertiert zum Islam? Mal ehrlich: Konvertiert sie nicht eher zu den Medien? Um den Islam geht es doch gar nicht? Außerdem ist sie noch mit einem Finnen verheiratet, mit Pekka Lagerblom, das weiß ich von Pofalla, aber weiß das mit Lagerblom auch Özil? Frag ihn doch mal. Frauen in eurem Gewerbe sind flatterhafter als WM-Bälle!

Und nun alles Gute für gegen Argentinien, Basti! Die Gauchos haben Maradona und die Hand Gottes, wir haben Schweinsteiger! ☺ ☺ Und ich werde Dir winken!

Deine Angie

PS: In Berlin fackeln die Linken den begeisterten Türken ihre Deutschlandfahnen ab! Manchmal verstehe ich die Welt auch nicht mehr ...

(Die Deutschen besiegten Argentinien in einer berauschenden Darbietung mit 4:0. Die Tore von Thomas Müller, Arne Friedrich – nach Jahrhundertvorarbeit von Schweinsteiger – und zweimal Klose in seinem 100. Länderspiel brachten Diego Maradona, den großen kleinen Argentinier, zum Weinen.)

7. Brief

7. Juli. Am Tag des Halbfinales gegen Spanien in Durban. Schweinsteiger bereitet sich auf das vielleicht wichtigste Spiel seiner Karriere vor, Merkel steht noch ganz unter dem Eindruck ihrer letzten Auslandsreise.

Lieber Basti,

ich bin überwältigt. Ich habe noch nie mit so netten Männern ein Bier getrunken. In einer Herren-Umkleidekabine!! Nach dem Sieg gegen Argentinien (4:0 für uns!) bin ich aufgesprungen und habe zu dem Präsidenten Südafrikas gesagt: »Mr. Zuma, it was nice to meet you, but now I have to go to the german Herren-Umkleidekabine!«

Mr. Zuma nickte mit dem Kopf, und ich bin dann mit meiner roten Jacke los, die anderen saßen alle noch auf ihren Stühlen rum, ich bin ganz allein durch den Keller vom Stadion gelaufen.

Einmal hat mich ein Bediensteter von der FIFA gefragt: »Who are you? Do you want to piss here like this english hooligan?«

Ich dachte, ich hör' nicht richtig. »To piss??!«, habe ich den FIFA-Bediensteten ermahnt. »Do you not looking television? I am the german Bundeskanzlerin! I have to meet Mr. Schweinsteiger, not to piss!!!« (Da hat sich wohl neulich ein englischer Fan verlaufen und stand plötzlich neben Beckham auf dem Klo!)

Ich habe dann die Kabinentür aufgemacht und gedacht, das gibt's doch nicht, warum weint ihr denn alle, lauter weinende, nackte Männer? Einer war ganz klein und weinte am bitterlichsten, ich fragte ihn: »Wir haben doch gewonnen, warum weinst du denn so? Bist Du dieser kleine Marin aus Bremen mit bosnischem Migrationshintergrund?«

»No, I am Messi!!«, hat der gesagt und noch mehr geweint. Du, das war gar nicht Marin, das war der MESSI, ich war in der argentinischen Kabine!! Dieser Maradona betete und wollte sich danach am Handtuchhalter aufhängen. »Müllllerrrrrr! Bumm! Bummmm!«, hat er noch gerufen und Deinen Namen, Basti, »Sweiiiiiinsteigerrrr! Sweeiiiiiiiiinsteigerrrrrrrr!«, dann ist der Handtuchhalter abgebrochen und Maradona heruntergefallen.

Ich bin raus und sah Gott sei Dank Jogi Löw auf dem Gang. »Anschela!«, hat er mich gerufen, er sagt immer »Anschela«, wie süß.

Es war toll bei euch in der Kabine. Ihr alle im Schlüpfer, und ich mit meiner roten Jacke ...

Ich muss wirklich sagen: Wenn man so sieht, wie Gott euch geschaffen hat, dann seht ihr gar nicht aus wie Deutsche. Die Argentinier sahen nackt viel deutscher aus! Der eine, der hatte sich bei mir noch mit »Heinze« vorgestellt, bevor er sich auch aufhängen wollte: »Gestatten, Heinze. Ich häng mich jetzt auf, Frau Bundeskanzlerin!«

Bei uns heißen die Spieler »Özil«, »Podolski« oder »Khedira«, ja, da merkt man, dass wir ein temperamentvolles Land geworden sind.

Die Einzigen, die das noch nicht kapiert haben, sind die deutschen Journalisten und meine eigene Partei! Natürlich geht es in der Regierung eines temperamentvollen Landes auch mal drunter und drüber, das ist doch ganz normal! Wenn wir die Deutschen von früher wären, dann wäre alles langweilig mit Dienst nach Vorschrift, aber seitdem ich eben die Zügel mal bewusst etwas lockerer gelassen habe in der Regierungsarbeit, spielen wir plötzlich auch viel lockerer und temperamentvoller Fußball!

Ist Dir der Zusammenhang schon aufgefallen? Ich stehe einem südamerikanischen, asiatischen, man kann auch sagen muslimischen Regierungsstil viel näher, als das Seehofer und Westerwelle begreifen können! Das kannst Du mal im Interview nach dem Spiel bei Netzer und Delling sagen, dass ihr im Prinzip alle spielt wie Angela Merkel, dann checkt es vielleicht auch endlich mal meine idiotische Koalition!

Heute gegen Spanien, Basti! Diesmal kann ich nicht da sein (muss leider Kolumbiens neuen Präsidenten begrüßen), aber ich ziehe mir wieder die rote Jacke an und schaue, wie Du spielst. Ach, Basti, Du bist der Beste. Ich wollte Dir's schon lange sagen, aber Du bist der Allerbeste! Vielleicht sind es auch meine Briefe, die Dir helfen, wer weiß das schon ...

So.

Heute macht ihr aus unserem Gegner ein spanisches Omelett ohne Kräuter, ich tippe auf ein 5:0! Und wir sehen uns dann am Sonntag in Johannesburg in der Herren-Umkleidekabine nach dem Finale gegen die Tulpenzüchter!

Wir werden lachen, und die anderen werden weinen. Wir werden Bier trinken, und die anderen werden »Sweeiiiiiiiiiiiinsteigerrrrrrrr!!!!« rufen und sich wieder am Handtuchhalter aufzuhängen versuchen. Oh, ich freue mich darauf wie ein kleines Mädchen.

Deine Angie

(Die deutsche Mannschaft unterlag ohne Mut und ohne Müller dem späteren Weltmeister Spanien mit 0:1 durch ein Tor von Puyol in der 73. Minute. Die Bundeskanzlerin reiste nicht mehr nach Südafrika.)

8. Brief

10. Juli. Am Tag des Spiels um Platz 3 gegen Uruguay in Port Elizabeth. Schweinsteiger wird dennoch auflaufen, Angela Merkel schreibt einen von Schwermut getragenen letzten Brief.

Lieber Basti,
ich saß noch lange nach dem Spiel schweigend auf meiner Couch. Das Märchen ist vorbei, wir können nun nicht mehr Weltmeister werden. Ich fühle mich wie nach der Liebe, wenn das Spiel vorüber ist.

Was habe ich mich danach gesehnt, Finale! Nach Südafrika ... Heute wieder in meine Maschine steigen und starten, durchstarten, neu starten! Abheben und dieses ganze Land hinter mir lassen, dieses schwere deutsche Land vergessen ...

Endlich vergessen, lieber, trauriger Basti, endlich raus aus der engen Regierungsbank, raus aus den morschen Bündnissen, den entsetzlichen Versammlungen und ewigen Kämpfen. Nach Südafrika ...

Südafrika war mein anderes, frisches, mein schönes neues Deutschland, Basti. Ich wollte mit Dir und dem Weltpokal eine Safari machen ... Wir beide mit dem FIFA-Weltpokal bei den Löwen und den Giraffen. Und dann weiter mit dem Moped durch die Steppe bis ins Abendrot. Ach, ach ...

Stattdessen muss ich jetzt den Bericht des Nationalen Normenkontrollrates entgegennehmen, und Du spielst gegen Uruguay ...

Was soll ich uns wünschen, Basti? Dass ich den Kontrollrat überstehe und Du Uruguay? Nein, Basti, ich will mich auf irgendetwas freuen. Freuen! Soll ich nun vier Jahre warten? Und dann Dir zurufen:

»Nach Rio?«

In vier Jahren wir beide nach Rio? Nur, was mache ich so lange?

Es ist einsam geworden in Berlin. Alle, mit denen ich hätte reden können, habe ich aus dem Weg geräumt. Nun bin ich ganz allein.

Soll ich etwa mit Leuten wie Mappus reden? Alle sind weg, es gibt nur noch Mappus und Kauder.

Oh weh ...

Ich denke nun wieder an das Moped auf der Steppe ... Du vorne und ich hinten, Basti – und zwischen Deinem Rücken und meinem Schoß der Weltpokal. So fahren wir dahin. Und immer weiter ...

Sehen wir uns wieder?

Deine Angela

KLEINE TEXTE GEGEN DIE GROSSEN FEINDE DES FRAUENFUSSBALLS (DIE WM 2011 IN DEUTSCHLAND)

1

Her mit dem Lack!

Im Sommer 2011 findet erstmals eine Fußball-Weltmeisterschaft der Frauen in Deutschland statt. Die deutsche Nationalmannschaft gilt als Favorit. In der Gruppe A spielt sie zunächst gegen Kanada, Nigeria und Frankreich.

Schluss! Aus! Vorbei mit den wochenlangen Gender-Debatten! Endlich Anpfiff! Heute gegen Kanada!

Es ist mir ganz egal, ob »Tussis« von der »Generation Nagellack« spielen oder »lesbische Wuchtbrummer«, »Emanzen« oder »Postfeministinnen« (stand alles in deutschen Zeitungen!) – mein Gott, ich freue mich auf schöne Spiele!

Schon sich auf SCHÖNE Spiele zu freuen, das ist ja beim Frauenfußball verdächtig geworden. Wer SCHÖN sagt, reduziere ihn auf »Äußerlichkeiten«, auf »altbekannte Weiblichkeitsbilder«, schreiben jetzt die FrauenrechtlerInnen in den Feuilletons. Haben die FrauenrechtlerInnen sich einmal die Frisuren von Tim Wiese, Mario Gómez oder André Schürrle angeschaut? Was glauben die, wie lange diese Männer dafür in der Kabine brauchen? Der bisherige Rekord von Stefan Effenberg wurde von David Beckham eingestellt, bis dann Jogi Löw und Karl-Theodor zu Guttenberg kamen. Die Zeiten, in denen die Männer wie der legendäre Gladbacher Kalle Del'Haye oder Otto Schily einfach einen Topf auf den Kopf setzten und drum rumschnitten, sind längst vorbei. Und darum dürfen jetzt Fatmire Bajramaj oder Kim Kulig so lange an ihren Nägeln lackieren, wie sie wollen, die Männer sind nicht anders.

Und was heißt hier eigentlich »altbekannte Weiblichkeitsbilder«? Unsere ganzen Museen hängen voll mit Weiblichkeitsakten von der Antike bis zur Gegenwart (von den Wahlkampfplakaten mit dem Busen der CDU-Politikerin Vera Lengsfeld mal ganz abgesehen), und da sollen jetzt unsere Frauen zur WM plötzlich Kartoffelsäcke anziehen? Und sich von einer Klischee-Ecke (Nagellacktussen) zurück in die andere, altbekannte Klischee-Ecke (Mannweiber) jagen lassen?

Nee! Jede Spielerin mit Nagellack und Wimperntusche ist herzlich willkommen – und in Wirklichkeit kaschiert die Kritik daran auch nur, dass es im Männerfußball ebenfalls längst zart und äußerlich zugeht und sogar schwul und mit Wimperntusche.

Auf jeden Fall gibt es noch andere Feinde des Frauenfußballs. Laut http://www.kopp-online.com soll ja heute Abend auf das Olympiastadion eine Atombombe fallen. Es handele sich um eine »False-Flag-Operation«, heißt es, getarnter Staatsterrorismus. Also, entweder sind es die Geheimdienste, die den Frauenfußball doch noch verhindern wollen, oder es sind wieder die Verschwörungstheoretiker. Ich bin selbst im Stadion und werde berichten.

(Im Eröffnungsspiel siegten die deutschen Frauen in Berlin mit 2:1 gegen Kanada.)

2

Der fiese Betrug der Stockfische

Das Schönste am Frauenfußball ist, dass man ihn nicht mit Männerfußball vergleichen kann. Es geht schon los, wenn die Spielerinnen mit den Kindern an der Hand das Spielfeld betreten. Bei den Männern sieht das immer so aus, als würden sie mit einer Gießkanne in der Hand über die Wiese laufen. Sie halten die Hände der Kinder wie Henkel und starren beziehungslos geradeaus. Stockfische, die mit einer Gießkanne in der Hand über eine Wiese laufen. So beginnt immer Männerfußball.

Wie anders das beim Frauen-Eröffnungsspiel war! Die Spielerinnen waren bestimmt genauso aufgeregt wie die Kinder, aber es war – ganz ehrlich – umwerfend und rührend, wie sie dieses Erlebnis miteinander teilten. Sogar beim Einlauf USA gegen Nordkorea war es rührend!

Ich schaue mir aber nicht nur das Einlaufen an, sondern auch die Spiele. Für mein Gefühl dauern sie doppelt so lange wie Männerspiele. Wenn zum Beispiel beim Männerfußball italienische Spieler auf dem Feld sind, hat eine Partie eigentlich nur circa 30 Minuten reine Spieldauer. Die restliche Zeit wird gemeckert, werden schwere Verletzungen vorgegaukelt, wird das Spiel verzögert oder wirklich fies gefoult. Und bei den Frauen? Da läuft der Ball, anders, ja, aber er läuft! So gesehen ist ein Männerspiel Inter Mailand gegen Bayern München glatter Betrug. Man bekommt einfach weniger Fußball.

Ich möchte hier nicht den Frauen-Versteher spielen, aber die Überheblichkeit der Männer nervt. Diejenigen, die betont aufgeschlossen wirken wollen, sind die Anstrengendsten. Beim Eröffnungsspiel saß ein Fußball-Funktionär mit seiner Frau vor mir und rief ständig: »Na, schau dir das an, Hannelore! Nicht schlecht, nicht schlecht!«

Er selbst sah aus, als wäre er nicht mal in der Lage, einen 10-Meter-Pass zu spielen, rief aber ständig »Nicht schlecht, Hannelore!«.

Auch bei den Fernsehkommentatoren wirkt der Zuspruch manchmal etwas aufgesetzt. Beim Spiel USA gegen Nordkorea sprach der ZDF-Reporter vom »Hexenkessel in Dresden«. Es gab aber keinen »Hexenkessel«, das war ein völlig entspannter Abend mit einem wirklich schönen Flügelspiel der Nordkoreanerinnen, nur der Reporter wollte es überdramatisieren, vielleicht fehlten ihm die italienischen Fouls.

So. Heute spielen unsere Frauen gegen die »Super-Falken« aus Nigeria! Ich weiß nicht, wie 's ausgeht, aber ich freue mich, dass der Ball laufen wird.

(Die deutschen Frauen siegten mit 1:0 nach einem überharten Spiel, das zu einem der brutalsten der Frauen-WM-Geschichte gehört. Überschattet wurde der Sieg zudem durch die Krise der deutschen Spielführerin Birgit Prinz, die eine Art Miroslav-Klose-Drama durchlebte und dabei keine Rückendeckung durch die Bundestrainerin erfuhr.)

3

Stern über Bethlehem (Kleine WM-Schnuppen)

Ich glaube, die Nigerianerinnen hatten meine letzte Kolumne nicht gelesen! Sie handelte von der angenehmen Körperlosigkeit auf dem Platz, von der reinen Spielfreude; ich meine, ich träumte sogar von Ballstafetten! Und dann das! Die Partie war wie eine Mischung aus »Desperate Housewives« und diesem unsäglichen Fußball-»Tatort«, in dem mit Brechstangen auf die Spielerinnen losgegangen wurde. Irgendwann fingen die deutschen Frauen auch noch an!

»Ab jetzt wird zurückgeholzt!«, rief der ARD-Reporter fast schon patriotisch in sein Mikrofon. So gesehen war das Spiel in Frankfurt ein Meilenstein für den Frauenfußball. Es war wie bei den Männern ...

*

Beim Spiel USA gegen Kolumbien habe ich das erste Mal während der WM umgeschaltet. Warum kreischen die Amerikanerinnen immer so? Bei den Männerspielen höre ich manchmal einen schrillen Schrei von Philipp Lahm oder Jogi Löw, aber so eine Lautstärke wie bei den Amerikanerinnen? Ich habe dann stattdessen die Fürstenhochzeit von Monaco geguckt, das hat ja auch mit Sport zu tun: Charlene war olympische Schwimmerin, und Fürst Albert sieht aus wie Arjen Robben.

*

Muss man sich nun Sorgen machen um die ausgeschiedenen Nordkoreanerinnen? Als ihre männlichen Kollegen bei der WM im letzten Jahr mit einem 0:7 ausschieden, soll Präsident Kim Jong-il so getobt haben, dass ein Journalist berichtete, man würde die Spieler bei lebendigem Leibe in Atomsprengköpfe einbauen und nach Amerika abschießen. Diesem Kim Jong-il ist alles zuzutrauen. Vielleicht muss Theo Zwanziger mit ihm reden!

*

Mein schönstes WM-Erlebnis war bisher die Begegnung mit der Kapitänin des palästinensischen Frauenteams, Honey Thaljieh aus Bethlehem. Natürlich war es Theo Zwanziger, der uns wie der Stern der Weisen zusammenführte. Und bald nun spielt meine Autoren-Nationalmannschaft in Bethlehem! Autoren gegen Frauen, das wird spannend.

PS: Gestern hat mich Kim Kulig innerhalb von 23 Minuten als Freund bei Facebook bestätigt. Auf Lukas Podolski warte ich seit 2006. Vielleicht ist das noch ein schöner, letzter Unterschied.

4

Köpfen mit Zöpfen (Mit Olaf Scholz und Horst Hrubesch beim Frauenfußball)

(Im letzten Gruppenspiel in Mönchengladbach hatten die deutschen Frauen in einem begeisternden Spiel die Französinnen mit 4:2 besiegt.)

Das bisher schönste Spiel der WM habe ich nicht gesehen! Keine Lira Bajramaj, keine Inka Grings in Mönchengladbach, stattdessen Guido Westerwelle in der Gemäldegalerie bei den Feierlichkeiten zum 60. Geburtstag des Goethe-Instituts. Während Westerwelles Rede stellte ich mir die Kabinenansprache von Kim Kulig vor, meiner neuen Facebook-Freundin. Kulig war gelb-vorbelastet und pausierte gegen Frankreich, durfte aber dafür die Kabinenansprache halten. Bajramaj hat später erklärt, dass das »geil« gewesen sei. Ganz im Gegensatz zur Kabinenansprache von Westerwelle, der wieder einmal sinngemäß ausführte, dass die Wahrheit mit ihm auf dem Tahrir-Platz in Kairo gewesen sei, aber am nächsten Tag fehlte er bei der Fragestunde im Parlament zur geplanten Lieferung der deutschen Panzer nach Saudi-Arabien … Unfassbar! Man hätte die Kulig-Rede statt Westerwelle in der Gemäldegalerie übertragen sollen, dann wäre ein Ruck durch die Goethe-Gesellschaft gegangen, die nicht einmal pfeifen konnte bei diesem verlogenen Spiel.

*

In Saudi-Arabien müssten Kulig und Bajramaj mit Schleier spielen. Und nicht einen einzigen dieser hinreißenden WM-

Zöpfe würde man sehen! Ich habe schon immer die langen Haare von Frings, von Martin Demichelis oder Sergio Ramos geliebt, aber diese WM ist eine Wohltat gegen die schrecklichen Frisuren im Männerfußball.

Oh, diese schwedischen Zöpfe zum Beispiel! Ich frage mich natürlich, wie damit das Kopfballspiel so gut sein kann, denn die Frauen erzielen bei WM-Turnieren statistisch mehr Tore mit dem Kopf als die Männer, dabei sind sie im Durchschnitt nur 1,69 Meter groß.

Beim Eröffnungsspiel traf ich Horst Hrubesch, das ehemalige HSV-Kopfballungeheuer, zusammen mit Hamburgs Erstem Bürgermeister Olaf Scholz. Scholz ist halb so groß wie Hrubesch, aber ich habe beiden erklärt, dass Scholz der bessere Kopfballspieler sei und dass ich, wenn ich die Bundestrainerin wäre, Scholz in die Sturmspitze stellen würde und Hrubesch säße bei mir auf der Bank. Das fanden beide verblüffend, aber der Frauenfußball hat nun mal andere Gesetze.

5

Die deutsche Niederlage gegen Japan – Ab sofort bin ich Solo-Fan! (Kleine WM-Schnuppen)

(Im Viertelfinale unterlagen die deutschen Spielerinnen den Japanerinnen mit 0:1 nach Verlängerung und schieden damit aus. Und die Bundestrainerin brachte nicht einmal Birgit Prinz ins Spiel.)

Glückliche Japanerinnen! Was war das für ein schönes Bild. Auf der anderen Seite: deutsche Erschütterung! Die Welt geht unter ... Es war zwar nur ein Fußballspiel, aber wenn man in das Gesicht der Simone Laudehr sah, dann war es Drama. Tragödie. Der DFB, die Werbung, das Fernsehen, das ganze Land hatte den WM-Titel geplant und nun das!

In der Dramenlehre nennt man das Ständeklausel oder Fallhöhe. Aristoteles würde sagen: Tragisches Scheitern kann nur dargestellt werden, wenn die Deutschen im eigenen Land gegen Japan im Viertelfinale verlieren.

Silvia Neid, die Bundestrainerin, dachte, sie sei Nathan der Weise. War sie aber nicht. Sie war nicht einmal Ursula von der Leyen. Kein soziales, kein taktisches Gespür. Neid stand vor ihrer Auswechselbank blind wie König Lear. Als Jogi Löw das WM-Halbfinale gegen Spanien vercoachte, war es Angst. Diesmal war es Neid ... Neid auf wahre Prinzen. (Birgit Prinz hätte eingewechselt werden müssen!) Und Neid auf schwarz gelockte Prinzessinnen. (Fatmire Bajramaj hätte auch eingewechselt werden müssen!)

*

Ich bin ab sofort Solo-Fan! (Hope Solo, die amerikanische Torhüterin!)

Marta, die Brasilianerin, ist die wahre Königin dieser WM, aber sie ist eine kalte Königin. Solo hingegen hat das warme Herz einer elfmetertötenden Löwin. (Okay, der Kolumnist dreht gerade ab, aber Solo ist doch hinreißend?) Und ich sage ungern, dass die USA ungerecht behandelt wurden, doch gegen Brasilien war es so. Deshalb war es nur gerecht, dass sie am Ende wie durch ein Wunder doch noch siegten. Heute spielt Solo gegen Frankreich!

*

Klaus, ein Freund von mir, hat gesagt, dass die Männer eigentlich Frauen sind. Also beim Männerfußball seien die Männer wie Frauen. Fallen ständig hin, gaukeln Schmerzen vor, meckern die ganze Zeit. Deshalb guckt der Freund lieber Frauenfußball, weil beim Männerfußball eben nur Frauen spielen. Ich fand diese Begründung verblüffend.

*

Und wie originell jubeln die Frauen! Haben Sie schon die schwedischen Rasentänze gesehen? Die französische Schuhputzer-Zeremonie? Oder das still-schöne und verlegene Torlächeln der Japanerinnen?

6

Kleine Riesen (Hymne auf Homare Sawa)

Nun bin ich Japan-Fan! Ich weiß zwar nie, welche japanische Spielerin welche ist, aber ich glaube, ich finde Saki Kumagai, Nahomi Kawasumi und Homare Sawa zum Niederknien. Alle kleiner als die Eckfahne, aber sie spielen wie die Größten. Barcelona hat Xavi, Japan diese Homare Sawa! Wenn meine hochverehrte US-Löwin Hope Solo gegen Japan nicht wieder den entscheidenden Elfmeter tötet und dabei an ihren Vater denkt, der als Einsiedler in den Bergen lebte, dann wird diese Homare Sawa zur Spielerin des Turniers. Es sei denn, diese riesige Abby Wambach fliegt heute Abend wieder heran und köpft die USA zum Titel.

Es war eine schöne Zeit, diese WM. Vor dem Turnier

hatte ich keinen blassen Schimmer vom Frauenfußball, jetzt kenne ich plötzlich lauter Geschichten und Legenden von glücklichen und traurigen Heldinnen. Die Größe der fallenden Birgit Prinz war etwas, das man zuletzt ansatzweise bei Oliver Kahn erlebt hatte, als er dem Feind Lehmann die Hand reichte. Nicht zu vergessen die Nordkoreanerinnen, die angeblich vom Blitz getroffen worden waren und am Ende doch nur Dopingmittel eingenommen hatten. Oder Marta, die brasilianische Zauberin, die technisch alles konnte, aber doch nicht geliebt wurde, weil man spürte, dass sie nur für sich spielte. Ganz anders Pia Sundhage, die schwedische Trainerin der Amerikanerinnen, sie war meine Lieblingstrainerin dieser WM. Wie eine Mischung aus Astrid Lindgren und Ariane Mnouchkine saß sie da, sanft und weise, auf ihrer Bank. Oder der französische Trainer Bruno Bini, was für ein gesitteter, entspannter Franzose! (Ist man ja gar nicht mehr gewohnt!) »Das Leben bleibt schön«, sagte Bruno Bini nach der Niederlage im Halbfinale. Man denke nur, was bei uns Deutschen wieder los war! Weltuntergang ...

Interessant auch, dass unsere deutschen Frauen sich monatelang auf das Planziel vorbereiteten und die Japanerinnen gar nicht. Ihr Trainer zeigte ihnen vor den Spielen nur die Bilder vom Tsunami in Japan.

(Japans Frauen besiegten in Frankfurt die USA mit 5:3 nach Elfmeterschießen und wurden erstmals Fußballweltmeisterinnen.)

DIE SCHÖNSTE NEBENSACHE DER WELT (DIE DFB-AUTOREN-NATIONALMANNSCHAFT)

Literatur und Fußball:
Wenn man einem ahnungslosen Menschen Bilder von Jogi Löw, Christoph Metzelder oder Per Mertesacker zeigen würde und danach Aufnahmen von zum Beispiel Clemens Meyer, Michael Lentz oder meinetwegen auch von mir – wen würde der ahnungslose Mensch für einen Künstler halten und wen für einen Fußballtrainer oder Spieler? Ja, da hat sich einiges gewandelt! Jogi Löw sieht in seinen stilsicheren Pullis und den elegant gebundenen Schals wie ein italienischer Lyriker aus, dabei ist Lentz Lyriker, sieht aber aus wie Tottenhams härteste Abwehrwaffe. Und Clemens Meyer und ich, wir sehen eher aus wie weiland Carsten Ramelow oder Torsten Frings. Ja, früher war man noch erstaunt, wenn Joseph Beuys aus lauter Begeisterung Günter Netzer einen Lehrstuhl für Ästhetik anbot; heute sponsert der DFB eine Autorennationalmannschaft, organisiert Länderspiele im Rahmen einer seit 2005 bestehenden Writers' League und beruft Trainer wie Hans Meyer, Jörg Berger (†),

Uwe Rapolder und Dettmar Cramer. Und manchmal weiß der Autorenkader aus 26 Spielern gar nicht mehr, was nun eigentlich mehr zählt: die Literatur oder eben der Fußball.

1

Wahnsinn! (Die Autoren-WM in Schweden)

Malmö, im Juni 2007.

Als die Lufthansa-Maschine mit der Flugnummer 1954 in Kopenhagen aufsetzte, sah Torwart Albert Ostermaier aus dem Fenster und sagte: »Ich spüre, dass wir hier Weltmeister werden!« Allerdings mussten wir noch weiter nach Malmö (Schweden), über die Öresundbrücke.

Seit einem Jahr hatten wir uns systematisch vorbereitet. Montags Training unter Anleitung von Ulli Kuper, B-Lizenz. Samstags Spiele, oft auch englische Wochen. Im Trainingslager in Herzogenaurach und Nürnberg dann letzter taktischer Schliff durch Hans Meyer, den Bundesliga-Trainer des Pokalsiegers, er hatte uns schon 2005 ins Finale von San Casciano (Italien) geführt, wo wir den Schweden unterlagen.

Doch nun Malmö 07! Städtischer Empfang der Mannschaften aus Dänemark, Ungarn, Italien, England, Deutschland und Titelverteidiger Schweden. Ostermaier erklärt auf dem Rathausbalkon der mitgereisten »ZDF-Sportreportage«, er spüre immer noch, dass wir Weltmeister werden. Auch ich erkläre der »Deutschen Welle«, dass ich mit einem guten Gefühl ins Turnier gehe.

Habe ich schon gesagt, dass wir eigentlich Schriftsteller sind?

Seit Monaten verschieben sich die Gewichte, ich weiß schon selbst nicht mehr, was ich bin. Vor den Kameras imitiere ich das Fußballervokabular, merke aber immer in der Mitte des Satzes, dass ich das so nicht stehen lassen kann, und schiebe noch etwas anderes hinterher. Dem »Bayerischen Rundfunk« sage ich, dass die »Truppe Moral beweisen muss«, so wie Frings das immer sagt, aber in der Mitte des Satzes fällt mir wieder ein, dass ich nicht Frings bin. Wenn ich »Moral« sage, müsste ich spätestens in der zweiten Satzhälfte irgendwie zu Immanuel Kant hinüberleiten oder zu Friedrich Schiller, einfach so »Moral« wie Frings geht nicht.

Obwohl ich ein bisschen aussehe wie Frings, ich spiele mit Stirnband. Klaus Döring (»Benjamin Blümchen«), mein Zimmerpartner, sieht aus wie Ronaldinho in Blond, spielt auch ein bisschen so. Döring spricht außerdem im Schlaf. Vor dem Spiel gegen Dänemark hat er mitten in der Nacht gerufen, ich soll den Ball abklatschen lassen.

So wie in Herzogenaurach! Im Testspiel gegen eine von Jogi Löw zusammengestellte Betreuermannschaft des DFB-Teams. Da spielte Oliver Bierhoff (»Golden Goal«) überraschenderweise als Manndecker gegen mich, da konnte ich immer nur auf Döring abklatschen lassen. Herzogenaurach hat unsere Mannschaft dennoch geadelt. Sönke Wortmann, der auch bei uns mitspielt, weil sein »Sommermärchen« ebenfalls als Buch erschienen ist, organisierte danach den Originalnationalmannschaftsbus nach Nürnberg. Was für Momente, was für ein Bus! Christoph Nußbaumeder (»Mit dem Gurkenflieger in die Südsee«) saß auf dem Platz, auf dem im »Sommermärchen« Schweinsteiger saß; Falko Hennig (»Volle Pulle Leben«) nahm vorne rechts den Sessel von Odonkor ein. Wir wurden auf der Autobahn von Bundesbürgern im Pkw bis zum Hotel verfolgt. Im Bus dachte ich schon wieder, ich sei Frings, obwohl ich mich vorsichtshalber auf den Platz von Arne Friedrich gesetzt hatte.

Zurück nach Malmö: Zum Eröffnungsspiel Schweden gegen Dänemark laufen die Mannschaften FIFA-gerecht mit 22 Kindern an der Hand aus den Katakomben des Stadions ein. Hier gewann Deutschland 1958 bei der WM in Schweden gegen Argentinien durch Tore von Rahn und Seeler!

Abends vor dem Einschlafen übe ich noch »Einigkeit und Recht und Freiheit« von von Fallersleben. (Korrektes Absingen der Nationalhymne!)

Ich nehme mir auch vor, der »ZDF-Sportreportage« jetzt einfach völlig ungebrochen »Moral in der Truppe« zu sagen und wie Frings schon vor dem »Danke« des Reporters aus dem Bild in die Kabine zu gehen.

Wir sind in der Todesgruppe A mit den Schweden, deren Kapitän Fredrik Ekelund früher bei Malmö FF gespielt hat und deren Spielmacher Niclas Kindvall (Sohn des berühmten Nationalspielers Ove Kindvall) beim HSV Profi unter Benno Möhlmann war, blöderweise hat er danach auch noch verkehrspädagogische Kinderbücher geschrieben. Eigentlich haben wir schon genug Probleme: Norbert Kron (»Der Begleiter«) laboriert wie Borowski die ganze Saison über an einer Reizung des Gesäßnervs. Tobias Hülswitt (»Ich kann dir eine Wunde schminken«) geht wie Ballack mit einer Wadenzerrung ins Turnier. Ostermaier (»Ode an Kahn«) hat sich kurz vor der WM noch bei Müller-Wohlfahrt (FC Bayern) einer Leisten-OP unterzogen, und Klaus Cäsar Zehrer (»Der Buddhist im Fußballstadion«) hat dem Feuilleton der »Frankfurter Rundschau« diese Woche seine gesamten osteopathischen und kryotherapeutischen Behandlungsmaßnahmen geschildert.

Wahnsinn, über Zehrers Bänderdehnung im linken Sprunggelenk wurde mehr berichtet als über die Nominierung unserer Spieler Jan Böttcher, Jochen Schmidt und Ronald Reng zum Klagenfurter Bachmannpreis. Würde sich die Presse genauso auf Hitzlspergers Schreibblockaden stürzen?

Als Döring morgens am Tag des Dänemarkspiels aufwacht, sagt er, er habe geträumt, ich sei Filippo Inzaghi und er Clarence Seedorf. Mir ist schlecht. Ich fühle mich eher wie Klose. Ich habe mentale Probleme.

Kurz vor dem Auflaufen gegen Dänemark stehe ich in den Katakomben auf der Toilette vor dem Spiegel und denke: Frings oder Inzaghi oder Klose, bevor du jetzt ganz durchdrehst, gehst du einfach raus und spielst wie Rinke. Moral kannst du danach immer noch beweisen.

So habe ich es dann auch gemacht.

(Die deutsche Schriftsteller-Nationalmannschaft wurde nicht Weltmeister. Sie unterlag im Halbfinale Schweden mit 1:5 und belegte am Ende Platz 3 durch ein 2:1 über Ungarn.)

2

Freundschaftsspiel in Saudi-Arabien oder: Wie sehen Sie die Entwicklungen in Russland? (Wüstenkoller)

Saudi-Arabien, im März 2008.
Die Zusage der DFB-Autorennationalmannschaft, nach Riad zu kommen, schien für das Königreich Saudi-Arabien von größter Bedeutung zu sein. Insbesondere die Wiedergutmachung für die 0:8-Niederlage Saudi-Arabiens gegen die deutsche Nationalmannschaft in Sapporo bei der WM 2002 in Japan/Südkorea. Demzufolge liefen im Saud-al-Faisal-Stadion auch weniger saudi-arabische Autoren auf, sondern Ex-Nationalspieler des Königreichs sowie deren Verwandte, die jene hohe WM-Niederlage, unter anderem durch drei Klose-Treffer, selbst in Sapporo miterlebt hatten. Das Freundschaftsspiel endete aus deutscher Autorensicht bei 42 Grad im Schatten und 67 Prozent Luftfeuchtigkeit mit 1:5. Mehr ist über das Spiel nicht zu berichten. Der Rest war ein Besuch auf der Buchmesse von Riad. Und eine Fahrt durch die Wüste ...

Mein Gott, diese Hitze! Irgendwo in der Wüste saßen wir im Mannschaftsbus – mit drei unverhüllten Frauen und einer kaputten Klimaanlage. Wir parkten auf dem Gelände des Folklore-Festes, das wir besuchen wollten, circa eine Stunde von Riad entfernt. Der junge Mann aus der Botschaft war ausgestiegen und verhandelte draußen über Mobilfunk mit dem saudischen Innenministerium, ob die Frauen aussteigen und auch auf das Fest dürften. Im Bus waren es ungefähr 45 Grad, und ich blieb aus Höflichkeit sitzen. Um das Warten mit einer anregenden Konversation zu überbrücken, war es zu heiß, obwohl es bestimmt interessant gewesen wäre, sich zu unterhalten. Die eine war die Frau des deutschen Botschafters, die andere die des Chefs im Auswärtigen Amt für kulturelle Beziehungen mit dem Nahen und Mittleren Osten, die dritte war die Frau des jungen Mannes aus der Botschaft, der immer noch mit dem Handy draußen auf das saudische Innenministerium einredete.

Während die Frauen versuchten, ruhig zu atmen und sich nicht aufzuregen, blätterte ich in meiner deutschen Zeitung. Ich nahm mir den Artikel über die Islamkonferenz vor. »Wie kann unsere Verfassung zur Entwicklung eines modernen deutschen Islam beitragen«, heißt es im Schäuble-Papier, ich kam aber nur bis zur Forderung der konservativen muslimischen Verbände nach einem »getrennten deutschen Schwimmunterricht für Jungen und Mädchen«.

Ich überlegte sofort, die Frauen zu fragen, was sie denn um Gottes willen vom getrennten Schwimmunterricht hielten, aber jetzt vom Schwimmen zu sprechen, wäre auch wieder unhöflich gewesen. Inzwischen waren es bestimmt schon 50 Grad im Bus. Türen öffnen ging nicht. Um den Bus herum standen ungefähr 500 Muslime. Einige hatten die drei Frauenköpfe schon entdeckt, mir schien außerdem, die 500 Muslime würden sich allmählich dem Bus nähern.

Das Handy klingelte. Der junge Mann von der Botschaft übermittelte, dass sich etwas bewegen könnte bei den Saudis, wenn die Frauen sich anständig verhüllten.

»Gehen Hosen?«, rief die Frau vom Mann für kulturelle Beziehungen mit dem Mittleren Osten.

»Nein, Schalgewand!«

»Was ist denn ein Schalgewand?«, fragte ich.

»Im Gepäckraum«, sagte die Frau des Botschafters, »wir haben im Gepäckraum ein paar Ganzkörpergewänder für den Notfall!«

Ich beobachtete die 500 Muslime, öffnete schnell die Tür und lief zum Gepäckraum des Busses. Im Christentum haben wir dort Verbandskästen, Ersatzreifen oder Warndreiecke, hier haben sie Ganzkörpergewänder.

Was machen wir überhaupt hier? In Saudi-Arabien? Mitten in der Wüste?

*

Vor der Abreise hatten wir uns in unserem Vereinsheim in Berlin-Mitte erst einmal mit Staatsformen beschäftigt.

Saudi-Arabien ist also eine absolute Monarchie. Es gibt parlamentarische und konstitutionelle Monarchien, aber absolute Monarchien gibt es nur sechs auf der Welt: Swasiland, Brunei, Oman, Vatikanstadt, Katar und eben Saudi-Arabien. Vermutlich, dachten wir, würden wir bei der Pressekonferenz zum Spiel neben Prinz Saud al-Faisal bin Abdulaziz Al Saud sitzen, dem saudi-arabischen Außenminister, und uns Fragen von Journalisten oder saudischen Schriftstellern anhören. Am meisten Angst hatten wir jedoch vor unseren Antworten und unseren eigenen Fragen.

Was soll man denn in einer absoluten Monarchie auf fundamental-religiöser Grundlage antworten und fragen? Wie soll man überhaupt antworten und fragen in einem Land, das absolut westlich unterwandert ist mit Shopping Malls, Four Seasons, Disney, Fußball, aber öffentliche Hinrichtungen und Auspeitschungen praktiziert?

Deutsche Schriftsteller haben in der Öffentlichkeit fast eine automatisierte Rhetorik, da sagt man Sätze wie: »Ohne die subventionierte Kritik der Kunst am Staat würde die Gesellschaft nicht funktionieren!« Oder: »Eine Gesellschaft ohne Widerspruch ist eine tote Gesellschaft!« So etwas kann man vor den im Königreich lebenden saudischen Schriftstellern eigentlich nicht sagen. Mit Empathie hätte das wirklich nichts zu tun, denn solch ein deutscher Satz eines saudischen Schriftstellers würde nicht zu einer toten Gesellschaft führen, sondern vermutlich doch erst einmal zu einem toten saudischen Schriftsteller?

Im Flugzeug fingen wir an zu üben: Schriftsteller-Rhetorik für absolute Monarchien! (Und wir verließen uns dabei mehr oder weniger auf die Kollegen aus dem Osten.) Unsere wichtigste Frage: »Was ist die Funktion von Schriftstellerei und Journalismus in einem Land, in dem man im Prinzip kein wahres Wort schreiben darf?« überlegten wir abzuändern in: »Wie sehen Sie die Entwicklungen in Russland?«

Die Frage: »Öl und Dollars auf der einen Seite, strikte Religion auf der anderen Seite, glauben Sie nicht, dass dies auch zum Terrorismus führt?« formulierten wir um in: »Prinz Saud al-Faisal, wie würden Sie die saudi-arabische Identität beschreiben?«.

Man müsste wahrscheinlich wie die Politiker sprechen, überlegten wir, die ja ständig in Länder reisen, von denen wir wirtschaftlich profitieren, die aber in Sachen Demokratie im Mittelalter leben. Man bräuchte wahrscheinlich eine diplomatische Geschmeidigkeit bei mittelalterlichen Wirtschaftspartnern, denn schließlich wollten wir im Prinz-Faisal-Stadion auflaufen und nicht im Gefängnishof.

*

Heute Morgen waren wir auf der Buchmesse von Riad. Es gibt Stimmen, die sagen, dass gerade die Tage der Buchmesse in Saudi-Arabien die offensten sind, angeblich konnte man im letzten Jahr sogar das Skandalbuch »Die Girls von Riad« von Rajaa Alsanea kaufen oder »Die Verschwulung der Welt« des Libanesen Raschid Al-Daif.

Ich selbst finde aber nur deutsche Ausgaben von Mario Basler: »Super Mario. Meine Eskapaden, meine Schlagzeilen, meine Karriere, meine Freunde, meine Feinde«; Goethe: »West-Östlicher Diwan« und »Mein Kampf« auf Arabisch.

Sogar Frauen dürfen an manchen Tagen auf die Messe, hatte ich gehört. Das stimmt, ich sah heute Morgen überall herumlaufende schwarze Säcke mit kleinen Schlitzen, aus denen kultur- oder lebenshungrige Augen blitzten. Und wie sich die Frauen bewegten! Die Frauen mit den jungen Augen gingen wie früher die Spice Girls, hatten aber diese schwarzen Säcke an, das war mir schon in der Shopping Mall aufgefallen: lauter traurige schwarze Säcke, die Gucci- und Prada-Taschen herumtrugen.

Wenn man so eine schwarze shoppende Frau durchleuchten könnte, dann würde man vermutlich den ganzen Widerspruch dieses Landes sehen: außen das Mittelalter, aber unter den Säcken, den Burkas, da tanzen die feinsten Spitzen der Welt.

*

Mittlerweile standen wir schon seit einer Stunde auf dem Parkplatz in der Wüste. Die Frauen hatten sich die schwarzen Gewänder übergestreift und das Haar verhüllt, ich fächerte ihnen mit der Zeitung und dem Artikel über die deutsche Islamkonferenz Luft zu, sofern man das Luft nennen konnte.

»Ich mache jetzt die Tür auf!«, sagte eine der Frauen.

»Nein, wir müssen erst auf einen saudischen Führer warten, der uns über den Parkplatz geleitet«, sagte die Frau, die mit ihrem Mann telefoniert hatte.

Ich war auch dafür. Ich geleite doch nicht drei notverhüllte Westfrauen über einen saudischen Parkplatz!

»Türen bleiben zu, bis der saudische Führer kommt!«, ordnete ich an und fächerte entschuldigend mit der deutschen Islamkonferenz weiter.

Ich fächerte lange und während ich fächerte, dachte ich: Wenn ich endlich diesen verdammten Parkplatz hinter mir habe, dann setze ich mich in den Kühlschrank der deutschen Botschaft in Riad und fordere ganz offiziell eine saudische Christentum-Konferenz. Es geht mir eigentlich gar nicht so sehr um das Christentum, sondern einfach nur um Respekt für deutsche Frauen in einem glühenden Mannschaftsbus bei 50 Grad auf einem Folklore-Fest.

Und wenn die islamischen Verbände wirklich den getrennten deutschen Schwimmunterricht durchsetzen sollten, werde ich dafür sorgen, dass im nächsten Jahr Heidi Klum ihre Germany's Next Topmodels auf dem saudischen Parkplatz castet.

3

Die Zeichen am Himmel (Drei Fußballmannschaften aus Deutschland fahren nach Israel)

Israel, im Dezember 2008. Bereits im Mai hat die deutsche Autorennationalmannschaft das israelische Autorenteam in Berlin empfangen. Zum Rückspiel nach Tel Aviv reist das deutsche Team nun in Begleitung der Bundesligamannschaft von Borussia Mönchengladbach und der U 18 des DFB.

Die Kampfflugzeuge, die an der Küste und am Strand von Tel Aviv vorbeifliegen, fallen irgendwie aus dem Bild. Unten im Meer stehen Profifußballer und Fußball spielende Schriftsteller im Auftrag des DFB, kühlen ihre Waden auf Anraten des Mannschaftsarztes und sind eher mit der Regeneration beschäftigt als mit der israelischen Luftwaffe. Die Hamas hat die brüchige Waffenruhe am Vormittag für offiziell beendet erklärt, am Nachmittag schlagen bereits Raketen im Süden Israels ein.

*

Ein paar Tage zuvor werden am Flughafen in Tel Aviv drei deutsche Mannschaften begrüßt wie Staatsgäste. Angeführt von DFB-Präsident Theo Zwanziger stehen dreißig Profis von Borussia Mönchengladbach in der Ankunftshalle, alle in schwarz-grünen Anzügen. Daneben zwanzig Nachwuchsspieler der deutschen Nationalmannschaft der U 18, alle in weißen Trainingsanzügen. Dahinter zwanzig Schriftsteller der Autorennationalmannschaft, im Volksmund mittlerweile »Autonama« genannt, alle in roten Writers'-League-Jacken, den elegantesten Jacken der Delegation.

Manche der Autorenspieler haben Bücher über Israel, über die Shoah unter dem Arm und sich auf eine Begegnung mit israelischen Autoren vorbereitet. Es geht um ein besonderes, vielleicht schwieriges Verhältnis; es geht um eine Literatur der dritten Generation nach dem Holocaust, es soll sogar miteinander Fußball gespielt werden, eigentlich hauptsächlich. Wenn man Fußball spielt, so haben die israelischen und deutschen Autoren herausgefunden, kann man alles für ein paar Stunden vergessen – zuletzt spielten sie im Mai in Berlin auf dem Olympiagelände mit- und gegeneinander, wo die Nazis 1936 ihre Spiele inszenierten.

Zur deutschen Delegation gehört auch Mathias Hirsch, der Enkel des jüdischen Fußballers Julius Hirsch. Sieben Mal spielte der Stürmer des Karlsruher FV vor dem Ersten Weltkrieg für Deutschland und nahm 1912 für sein Land an den Olympischen Spielen in Stockholm teil. Beim Länderspiel gegen Holland in Zwolle, das als bestes Spiel einer deutschen Mannschaft vor dem Zweiten Weltkrieg gilt, schoss Hirsch vier Tore. Nach der Machtergreifung der Nationalsozialisten wurde er, der noch im Ersten Weltkrieg gedient hatte, am Rande von Karlsruhe zur Zwangsarbeit verpflichtet und im März 1943 nach Auschwitz deportiert und ermordet.

Zum Gedenken an den jüdischen Nationalspieler stiftete der DFB 2005 den »Julius-Hirsch-Preis«, der jedes Jahr das Engagement gegen Rassismus, Gewalt und Fremdenfeindlichkeit auszeichnet.

Der erste offizielle Termin der Delegation ist die Holocaust-Gedenkstätte Yad Vashem in Jerusalem, westlich des Herzlberges. Es ist vielleicht der stillste Moment der Reise, als die Jugendlichen, die Fußballprofis und Schriftsteller im Children's Memorial durch den Korridor aus Spiegeln und Kerzen gehen, die sich wie ein Sternenhimmel, wie ein funkelndes All aus Lichtern für die ermordeten Kinder über einem ausbreiten, während eine endlose Reihe von Namen aufgezählt wird. Es waren allein anderthalb Millionen Kinder, die durch die Nazis umkamen.

Sogar Lothar Matthäus und seine aktuelle Freundin, die mit zur Delegation gehört, sind ganz still. Und er gibt ausnahmsweise einmal keine Interviews.

Der letzte Raum der Gedenkstätte ist eine Art großes Terrassenfenster, das den Blick auf Hügel und Olivenhaine Jerusalems freigibt. Dieses Fenster zum »Heiligen Land« ist mit »Hoffnung« überschrieben. Ein schöner Ausblick. Es fliegen israelische Kampfflugzeuge durchs Bild, mitten durch den Ausschnitt und über die Olivenhaine hinweg in Richtung Süden des Landes.

Die drei Mannschaften laufen durch das Jaffa-Tor und besichtigen das alte Jerusalem. In der Grabeskirche steht der kleine, schmächtige Spieler Marko Marin von Borussia Mönchengladbach mit seinem doppelt so großen und breiten Trainer Hans Meyer vor der Grabkammer von Jesus. Um sie herum griechisch-orthodoxe Pilger, Armenier, syrische Jakobiten, Katholiken, alles durcheinander, dazwischen der deutsche Schriftsteller Norbert Kron, der gerade dem Gladbacher »Fohlen-TV« erläutert, dass an der Stelle, an der sich Marin und Meyer befinden, die Engel die Auferstehung verkündeten. Auf der Via Dolorosa, dem Leidensweg Christi, erkundigen sich Touristen nach den Mannschaften, die immer noch rot und weiß sowie schwarz-grün durch die engen, steinigen Gassen ziehen. Meyer, der Trainer der Profis, stellt sich auffallend gern zu den Schriftstellern. Das hat seine Gründe, er kennt sie alle, er hat sie sogar teilweise gelesen.

»Diese Mannschaft habe ich mit gegründet und trainiert«, erklärt er einem deutschen Touristen, der sich erkundigt, wer die Roten sind. »Und wie spielen die?«, will der Mann wissen.

»Immer besser!«, antwortet Meyer. »Das ist die Mannschaft mit der rasantesten Entwicklung in Deutschland, vor drei Jahren trainierten die noch auf einem Kartoffelacker in Brandenburg, jetzt sind sie ein DFB-Team und bespielen zu Hause unsere schönen Stadien.«

Er klopft dabei anerkennend dem Autor und Philosophen Wolfram Eilenberger auf die Schulter, der früher in der 2. Finnischen Division bei Kupittaan Allianssi gespielt hat, demnächst erscheint sein neues Buch »Kleine Menschen, große Fragen«.

»Herr Meyer, dann muss man die wohl mit Hoffenheim vergleichen«, sagt der deutsche Tourist, allerdings wirkt dessen Frau immer genervter, sie will noch nach Bethlehem.

Ein Araber mit einem Karren voller grauer Propangasflaschen fährt eine steile Gasse herunter, die deutschen Mannschaften springen schnell zur Seite und sehen dem Karren mit den Gasflaschen nach. Ein seltsames Bild an diesem Tag.

An der Klagemauer im Jüdischen Viertel steckt ein Großteil der 140-köpfigen Delegation seine Wunsch- und Klagezettelchen in die Fugen und Ritzen der Kalksteine, die noch zum Großteil aus Herodes' Zeiten stammen. Die Jugendlichen der U 18 stehen ganz fasziniert vor einer Gruppe orthodoxer Juden, die ihren Kindern beibringen, aus der großen Thorarolle zu lesen. Einige der jungen Deutschen erzählen sich immer noch, was sie in Yad Vashem gesehen haben, für viele war es das erste Mal, dass sie eine solche Stätte besucht haben. Zusammen mit der israelischen U-18-Mannschaft haben sie Blumen gekauft und auf die Gedenksteine gelegt.

Über Ost-Jerusalem sieht man Drachen steigen, meist sind es Drachen israelischer und palästinensischer Kinder, die manchmal ineinanderfliegen, sodass sich die Kinder später gegenseitig die Drachen halten und die Leinen entknoten.

So war es auch schon vor einem Jahr, als ich eine Zeit lang in Ramallah, in der Westbank wohnte und oft mit einer palästinensischen Autorin nach Ost-Jerusalem fuhr, wo sie mich zu den Kindern über den Dächern führte. Zuerst waren es immer palästinensische Kinder, die anfingen, ihre Drachen steigen zu lassen, dann kamen israelische Kinder hinzu. Ein jüdisches Mädchen verfolgte mit strahlenden Augen die Flugbahn, bis eines der Kinder seine Hände nahm und sie vorsichtig um die Drachenschnur legte. Dann durfte das Mädchen den palästinensischen Drachen lenken. Es war so ein friedliches Bild.

Der DFB-Präsident sitzt mittlerweile im moslemischen Viertel vor einem Teller mit Hummus-Paste und Sesammus und sagt, dass man nun jedes Jahr nach Israel reisen wolle, vor allem mit der U 18, weil somit jedes Jahr neue junge Deutsche nach Israel kämen.

Unter dem Motto »Goals for peace« steht am Abend das Spiel von Borussia Mönchengladbach gegen Maccabi Netanja bei herrlichen Bedingungen, das Einzige, was fehlt, sind Tore. Lange steht es 0:0, bis Netanja doch noch durch einen Torwartfehler mit 1:0 gewinnt.

Ich schaue allerdings die meiste Zeit in den Abendhimmel über dem Stadion, es fliegen nur ein paar Moskitos.

Der Einzige, der für Irritationen sorgt, ist unten am Spielfeldrand Lothar Matthäus, der deutsche Trainer der Israelis. Er schreit bei einer umstrittenen Szene derartig die Schiedsrichter an, dass man abends im israelischen Fernsehen vom »typischen Deutschen« spricht, es sei ja auch bekannt, dass er die Kellner in Restaurants schlecht behandele.

Am nächsten Tag sind es ausgerechnet die israelischen Schriftsteller, die Matthäus verteidigen: Jeder Israeli behandele die Kellner schlecht, Matthäus normalisiere das deutsch-israelische Verhältnis nur, sagt Assaf Gavron, der Spielführer der israelischen Autoren-Nationalmannschaft, und lächelt. Gavron – der auch ein Computerspiel mitentwickelt hat, das Wege aus dem Nahostkonflikt simuliert (»Peacemaker«) – ist ohnehin guter Dinge. Gestern hat seine Mannschaft das erste Länderspiel gewonnen, gegen England mit 3:2.

Gegründet hat sich das israelische Team anlässlich einer Einladung der DFB-Kulturstiftung nach Berlin, wo es im Rahmen der 60-Jahre-Israel-Feierlichkeiten gegen die deutsche Autorenmannschaft spielte, unter den Augen von Außenminister Frank-Walter Steinmeier, der sich persönlich für das Spiel und die anschließende Lesung eingesetzt hatte.

Steinmeier ist wie Zwanziger ein großer Fan der Writers' League und erzählt eigentlich jedem seiner ausländischen Kollegen von der deutschen Autorennationalmannschaft, die er gern auf Reisen schickt. Vor Israel ging es nach Saudi-Arabien, und Steinmeier wäre auch jetzt am liebsten mitgekommen, wenn er nicht zur gleichen Zeit Amos Oz zu einer Lesung nach Berlin ins Auswärtige Amt eingeladen hätte. »Intellektuelle, die nicht nur im Kopf etwas beweglicher sind, das sind die wahren Vorbilder! Wenn sich Kulturen über Fußball und Literatur begegnen, dann ist das nicht nur schöner als die meisten politischen Reden, sondern oft sogar viel besser für die Verständigung zwischen den Völkern«, heißt es bei Steinmeier in einer

Laudatio auf das Autoren-Team. Das ist auch alles richtig. Nur nicht, wenn Deutschland gegen England spielt ...

Das Spiel, ausgetragen im Stadion Ra'anana, wird wahrscheinlich in die Geschichte des Autorenfußballs eingehen als »Schlacht von Ra'anana«: Kniescheibenluxation, Mittelfußbruch, Handbruch, Muskelfaserrisse, man kann wirklich nicht sagen, dass es nach »Kultur« aussieht. Georg Blochmann, der Leiter vom Goethe-Institut Tel Aviv, läuft an der Seitenlinie auf und ab und organisiert Eiskompressen, schon Mitte der ersten Halbzeit bricht Olliver Tietz, der Geschäftsführer der DFB-Kulturstiftung, mit zwei Spielern in ein Hospital auf.

*

Am nächsten Tag nimmt die Autorennationalmannschaft Fuß- und Wadenbäder im Meer, danach läuft der Rest, der noch laufen kann, durch Jaffa, den arabischen Stadtteil von Tel Aviv.

Viele Künstler, Händler, enge Gassen, historischer Stadtkern. Es findet das »Festival aller Feiertage« statt. Islamisches Opferfest, das jüdische Lichterfest Chanukka und das christliche Weihnachten. Jaffa erinnert mich an die palästinensischen und israelischen Drachen über den Dächern von Ost-Jerusalem.

Plötzlich fliegen Steine. Junge Araber schreien, die älteren halten sie fest, eine Gruppe versammelt sich um einen Fernseher, der in einem arabischen Café steht. Bilder aus dem Gazastreifen: 60 israelische Kampfflugzeuge haben tonnenweise Bomben abgeworfen, sie haben die Infrastruktur der radikalislamischen Hamas zerstört. Vor dem Fernseher mit dem Sender Al Dschasira hören die Araber und Juden an diesem Tag von 120 Toten, und es werden immer mehr – so viele Tote hat es seit 1967, seit dem Sechs-Tage-Krieg, seit der Besetzung des Gazastreifens nicht mehr gegeben.

Wenig später beginnen die Araber für die Toten zu beten, das Fest löst sich auf. Man hört die Stimme von Hamas-Chef Chalid Maschaal, der bereits von der »dritten Intifada« spricht und von ganzen Serien von Selbstmordattentaten; man hört Ehud Barak, den israelischen Verteidigungsminister, der weitere Militärschläge der israelischen Luftwaffe ankündigt, später ist die Rede von Bodentruppen, von Mobilmachung der Armee.

Ich lege mein gegen England lädiertes Bein auf einen Stuhl in einem arabischen Café. Eben saß dort noch ein Israeli, jetzt ist der Stuhl frei. Es ist ziemlich grotesk, Zettelchen in die Klagemauer zu stecken, sich mit Engländern auf einem Fußballplatz in Israel krankenhausreif zu spielen und die Waden anschließend ins Meer zu halten, während man aus den Augenwinkeln Kampfflugzeugen nachsieht.

Ich sehe auf den Fernseher: Übermächtige israelische Streitkräfte, zusammenbrechende Frauen zwischen ihren toten Kindern in Gaza-Stadt. Ein bisschen ist es wie bei Ernst Jünger in seinen »Pariser Tagebüchern 1941–42«. Das Käferstudium am Rande der Kampfzonen, aber Jünger hatte noch nicht Al Dschasira.

Am Ende ruht dann das Bein in Jaffa auf einem arabischen Stuhl, der nur deshalb frei geworden ist, weil Krieg ist.

4

Ans Millerntor! Gegen die Türken!
(Für Eylem, Tan und Ismail)

Hamburg/St. Pauli, im September 2009.
Die Writers' League ist mittlerweile auf 16 Nationen ausgebaut worden und die deutsche Autorennationalmannschaft empfängt zum ersten Mal die türkische Autorenauswahl, die es trotz einer Hochwasserkatastrophe in Istanbul noch rechtzeitig ans Millerntor schafft.

Ich glaube, ich werde nun auch in die Annalen des FC St. Pauli eingehen – als erster und einziger Stürmer der Geschichte, der im komplett leeren Stadion drei Tore geschossen hat.

Aber es war mir ganz egal, dass es leer war, es war ja das Millerntor-Stadion auf dem Heiligengeistfeld! (Und es war ein Hattrick!) Es waren extrem unwichtige Tore, niemanden hätte es bekümmert, wenn sie nicht gefallen wären, und niemandem haben sie wirklich geschadet. Trotzdem gehören sie zu den schönsten Toren meiner Laufbahn, und ich hörte innerlich dreimal den »Song 2« von Blur, der ja bei jedem Pauli-Tor erklingt.

Sämtliche Tore meiner Jugend, der Kreis-, Bezirks- und der Oberliga, sind mit diesen Millerntor-Toren verblasst. Es ist mir auch egal, wie sie gefallen sind – bei zwei Toren musste ich nur noch den Fuß hinhalten, aber das dritte, vor der Südtribüne, das war sehenswert, selbst wenn es niemand gesehen hat, außer mein Trainer und ein paar Türken.

*

Vor dem Spiel ist nach dem Spiel:

Schon vor dem Spiel beim Mittagessen im Vereinsheim (Nudeln und Salat) esse ich die Millerntorgeschichte an den Wänden und in den Vitrinen gleich mit.

1947: Hamburger Meister. 1954: Norddeutscher Vizemeister. 1964: 1. Platz in der Regionalliga Nord. 1977: Aufstieg in die Fußball-Bundesliga! 1984: 2. Platz in der Amateur-Oberliga Nord. 1988: Erneuter Aufstieg in die Fußball-Bundesliga. Mein Gott, was für ein Rauf und Runter.

Ich esse noch einen Teller Nudeln im Stehen und laufe vor den Geschichtswänden und Vitrinen auf und ab.

1995: Dritter Aufstieg in die Bundesliga, sogar Tabellenführer nach einem Sieg gegen 1860 München. Doch dann wieder Abstieg und wieder Aufstieg 2001. 2:1-Sieg gegen die Bayern! Weltpokalsiegerbesieger! Danach Regionalliga ... Aber: DFB-Pokal, Werder Bremen auf Eis und Schnee besiegt, Viertelfinale! Davor schon die Hertha mit 4:3 im Achtelfinale! 2007 Wiederaufstieg in die Zweite Bundesliga.

Ich mache mittlerweile Dehn- und Stretchübungen vor den Vitrinen, noch zwei Stunden bis zum Anpfiff am Millerntor. An der Wand ganz hinten beim Tresen hängt eine Mannschaftsaufstellung: Wunstorf – Porges – Haecks – Osterhoff ... Kenne ich alle nicht. Außer Helmut Schön. Der war also sogar auch einmal bei Pauli!

Corny Littmann kommt vorbei, ich habe ihn in einer Talkshow kennengelernt, wir beide saßen Rudi Assauer gegenüber. Assauer und Littmann, dass es überhaupt solche diametralen Typen im Fußball geben kann! Und was wären wir nur ohne den FC St. Pauli, dachte ich schon in der Sendung.

»Schön, dass Sie hier sind«, sagt Littmann. »Ich komme gerade aus Kuba«, und dann führt er mich durch die Katakomben des Stadions. Ganz oben neben einer der Logen, die etwas von Geheimlogen haben, gibt es eine Kapelle.

»Ich werd verrückt, das ist ja der Heilige Vater Johannes Paul der Zweite!«, sage ich.

»Richtig«, sagt Littmann. »Er hat uns gesegnet.«

In der Papsturkunde steht:

> »Der Heilige Vater spendet wohlwollend einen besonderen Apostolischen Segen für den FC St. Pauli von 1910 e. V. als Unterpfand der himmlischen Gnadengaben.«

Ich bin beeindruckt und spüre immer mehr, dass es heute mein Spiel werden wird. Ich bin zwar angeschlagen, aber dank der geschichtsträchtigen Pauli-Nudeln im Vereinsheim und der himmlischen Gnadengaben von Johannes Paul II. fühle ich mich topfit.

Littmann bringt mich in die Mixed-Zone, ich habe noch ein Interview mit dem NDR, das ich mitten im Satz abbreche wie ein anständiger Profi. Auf dem Weg in die Umkleidekabine frage ich den Zeugwart von St. Pauli:

»Wer war eigentlich Osterhoff, der ganz hinten am Tresen hängt?«

»Oh«, sagt der Mann, »*Oschi*, das war ein ganz Besonderer, der war Stoßstürmer!«

»Stoßstürmer?«, frage ich.

»Ja, so hieß das früher. Der hat 171 Tore für Pauli gemacht. Er wurde auch der *Schwarze Peter* genannt.«

»Und wer war Haecks?«

»Horst Haecks! Der war der Bomber! Der traf in der Saison 63/64 in 34 Spielen 36-mal!«

»Interessant«, sage ich. »Ich geh mich umziehen.«

In der Kabine steht Jörg Berger, der Feuerwehrmann der Liga, und stimmt uns auf die Türken ein: »Fußballspielen und Singen, das kann man nicht erzwingen«, erklärt er und stellt mich als hängende Spitze auf.

An der Taktiktafel steht noch die letzte Aufstellung von Pauli aus dem Spiel gegen Duisburg: Hain – Rothenbach, Morena, Thorandt, Drobo-Ampem – Boll, Lehmann – Bruns, Takyi, Naki – Ebbers.

Noch 5 Minuten bis zum Anpfiff.

Die Nationalhymnen erklingen am Millerntor, aber ich kann nach 22 Länderspielen den Text immer noch nicht. Dafür starre ich auf die Südtribüne. Sie ist leer, aber ich sehe nun alles: den Jubel nach der Hamburger Meisterschaft 1947, den Jubel nach dem 4:2 gegen 1860 München und der Bundesliga-Tabellenführung 1995. Ich sehe sogar, wie die Bayern, der Weltpokalsieger, auf der Tribüne in die Knie gehen. Mir winken Helmut Schön, Oschi, der Stoßstürmer, und der Papst.

5

Abschlussbankett (Dramatische Szene zwischen mir und dem DFB-Pokal)

DFB-Pokalfinale. Der 1. FC Nürnberg bezwingt den VfB Stuttgart mit 3:2 n. V. und wird Pokalsieger. Danach bittet Hans Meyer, der Trainer des 1. FC Nürnberg, die deutsche Autorennationalmannschaft zum Bankett ins Hotel Ritz Carlton. Der Trainer sitzt am größten Tisch, umrahmt vom bayerischen Ministerpräsidenten und einer schönen Dramaturgin vom Staatstheater Nürnberg. Neben der Dramaturgin sitzt der Teppichverkäufer und Clubpräsident. Meine Mannschaftskollegen sind an den restlichen Tischen verteilt. Unser Mittelfeldregisseur berät sich mit der offensiven Kreativabteilung der Nürnberger über das Erkennen von Räumen in der Vertikalen. Unser Torwart unterhält sich am Büfett mit Nürnbergs Torwart über das Thema Stellungsspiel versus Flugparade. Von einem weiteren Tisch her raunt die legendäre Kommentatorenstimme Frankens in einem Abstand von zwei Minuten immer wieder: »Dass ich das noch erlebe! Dass ich das noch erlebe!!« Ich selbst laufe mitten in der Nacht zum deutschen DFB-Pokal, der aufgesockelt in der Mitte des Bankettraumes steht, und spreche ihn ganz leise an.

ICH: Bist du schön ... Guten Abend.

DFB-POKAL: Ich kenn dich nicht. Wie bist du hier reingekommen?

ICH: Das ist eine lange Geschichte. Ich bin Dramatiker. Ergreifend, wie du da so still und erhaben stehst.

DFB-POKAL: Du hast mir gerade noch gefehlt. Der Mai bringt mich um.

ICH: Zum ersten Mal sah ich dich, da war ich sieben. Du warst in den Händen von Jürgen Grabowski!

DFB-POKAL: Ach, Grabowski. Wie lang mach ich das jetzt schon mit? Gerade hat mich Beckstein angefasst. Söder auch. Das Bankett ist immer das Schlimmste, da kommt jeder.

ICH: Soll ich gehen?

DFB-POKAL: Bleib, einen Dramatiker hatte ich noch nicht. Du willst mich doch anfassen, oder?

ICH: Ich würde gerne, aber ich traue mich nicht.

DFB-POKAL: Ich finde dich süß. Warst du für Nürnberg?

ICH: Ja! Wegen Meyer.

DFB-POKAL: Ich auch. Soll ich dir mal was sagen? Eigentlich mag ich Fußball gar nicht. Ich mag Kombinations-Ski.

ICH: Echt?

DFB-POKAL: Bobfahren auch! Guck ich immer in der Winterpause in den Vereinsheimen, wenn keine Sau da ist.

ICH: Du bist so schön …

DFB-Pokal: In München langweile ich mich am meisten. Soll ich dir mal was sagen? Ich hasse das Double. Wenn du im Double bist, hast du diese Scheiß-Salatschüssel am Hals, was die einem die Omme vollsülzt!

Ich: Sie ist vielleicht wütend, weil du so schön bist.

DFB-Pokal: Nun reicht's aber mal. Die meisten sagen, ich hätte eigene Gesetze. Mich hat sogar mal einer beim Pissen fallen lassen, danach stand ich verbeult in Gelsenkirchen rum! Jogi Löw mag ich, der hat feine Hände. Ich denke oft an Hennes Weisweiler. Hoffentlich kommt nicht gleich wieder Söder! Am liebsten würde ich mit dir aufs Zimmer.

Ich: Mit mir?

DFB-Pokal: Ja.

Ich: Ich wohn nicht im Ritz. Ich wohn am Prenzlberg.

DFB-Pokal: Dann komm ich mit zum Prenzlberg, mal was anderes. Nimm mich mit! Zum Prenzlberg!

Plötzlich kommt der Torwart von Nürnberg, nimmt den DFB-Pokal und geht mit ihm in die Nobel-Disco Felix.

ÜBER DIE LIEBE

1

**Es muss auch ein Herz und eine Seele geben
(Eine dramatische Szene über den Niedergang des
FC Bayern)**

Istanbul, im Mai 2009.
Prolog: Uli Hoeneß, der Manager des FC Bayern, sitzt im Şükrü-Saracoğlu-Stadion auf der Ehrentribüne beim UEFA-Cup-Endspiel Werder Bremen gegen Schachtjor Donezk neben dem ukrainischen Außenminister Wolodymyr Ogrysko. Hoeneß hat sich die deutsche Meisterschale umgehängt, solange sie noch im Besitz der Bayern ist, und schaut missmutig das Finale, denn der VFL Wolfsburg muss nur noch am Wochenende ausgerechnet Bremen schlagen, um Deutscher Meister zu werden, und dann wird man Hoeneß die Schale entreißen. Ab und zu sieht er zu Diego

hinüber, dem Brasilianer, der für Bremen spielt, aber gesperrt ist und auch auf der Tribüne sitzt.

HOENESS: *(Tippt Wolodymyr Ogrysko auf die Schulter)* Hoeneß mein Name, Sie kennen ja Bayern München, den berühmten FC Bayern. Hier, meine Meisterschale! *(Lacht etwas bitter, sagt aber nicht, dass er sie wahrscheinlich nur noch ein paar Tage hat)* UEFA-Pokalfinale, so ein Schmarr'n. Ich bin hier an Diego dran. Da drüben, Diego! Den kauf ich gleich für Bayern, UEFA-Pokal, da guck ich gar nicht hin!

Wolodymyr Ogrysko sieht Hoeneß kurz irritiert an, dann wendet er sich wieder einem Konter von Schachtjor Donezk zu.

DIE MEISTERSCHALE: Der will lieber Schachtjor Donezk zugucken. *(Die Meisterschale kichert)*

HOENESS: Sei ruhig! Seit wir in diesem Şükrü-Saracoğlu-Stadion sitzen, redest du!

DIE MEISTERSCHALE: Wenn mir was auffällt, sage ich das eben.

HOENESS: *(Wendet sich wieder an Wolodymyr Ogrysko)* Sie kennen doch sicherlich Luca Toni? Luuucca Toni?! Hab ich auch gekauft! Ribéry! Frooonk Ribéry, der König! Klose?? Werder Bremen weggenommen! Bremen! Ha, Bremen! Die sind nur durch Zufall in dieses dumme Finale gekommen! Durch eine Papierkugel! Ein Witz! Donezk gegen Bremen, ein Witz! Als ich einem traurigen Stürmer gesagt habe: Komm zum FC Bayern, da hat der gesagt: Kann ich bei euch auch eine Therapie machen? Klar, sag ich: Bei uns gibt es alles! Sogar Therapie! Geweint hat der, geweint, vor Freude! Wir reagieren einfach auf den modernen Menschen. Wir haben welche in der Mannschaft, die haben seit der EM in Österreich Albträume, die denken seitdem, die Ösis sperren sie in den Keller. Auf so was musst du heute als moderner Manager gefasst sein und reagieren! Stellen Sie sich so was in Bremen vor, da lassen die sogar Spieler ohne Nieren spielen!

DIE MEISTERSCHALE: *(Leise für sich)* Bitte, lieber Gott, lass Wolfsburg Samstag Meister werden.

HOENESS: Hast du was von Wolfsburg gesagt?

DIE MEISTERSCHALE: Ja.

HOENESS: Du bleibst bei uns. Ich rede nachher mit Allofs. Wenn Bremen in Wolfsburg gewinnt, darf Allofs mein Nachfolger werden. Wirst schon sehen!

DIE MEISTERSCHALE: Ich will nicht mehr bei Bayern sein.

HOENESS: Quatsch nicht immer dazwischen! Wir hauen Stuttgart weg, Gurken-Gómez, Gebabbel! Und diese Scheißbremer gewinnen in Wolfsburg. WOLFSBURG! Ein Witz! Guck dir doch mal die Fans an! Alles VW-Angestellte, Fließbandarbeiter. Die haben ja nicht mal einen Rathaus-Balkon! Für eine Meisterschale ist das nichts! Da wirst du einmal bei Volkswagen hochgehalten und das war's.

Die Meisterschale: Ich will aber trotzdem lieber nach Wolfsburg. Was ihr in Bayern für ein Benehmen habt! Ständig kommt dieser Rummenigge ins Vereinsheim und grabscht mich an. Im Mai war's arg schlimm. Manchmal, wenn es dunkel wird, kommt Seehofer! Oh, oh. Manche machen Dinge mit mir, da würde man in Wolfsburg oder anderswo für eingesperrt werden!

Wolodymyr Ogrysko springt auf. 1:0 für Donezk.

Die Meisterschale: Ach schade. Eigentlich bin ich ja Werder-Fan.

Hoeness: Hast du 'n Sprung in der Schüssel?

Die Meisterschale: Ist mir ganz egal, was du jetzt mit mir machst, schlimmer als mit Rummenigge kann's nicht werden. Seit Rummenigge habe ich ein Loch in der Schüssel! Der Schaaf ist so sympathisch. Der hat mich einfach stumm in den Arm genommen. Dabei ist er ganz rot geworden und mit mir an der Weser entlang zum Bremer Freimarkt gegangen. Und da hat er mir ein Lebkuchenherz gekauft und es mir umgehängt, ich sage dir aber nicht, was auf dem Herz stand.

Hoeness: Wurscht, was auf dem Herz stand! Du kommst nie wieder nach Bremen! Der Nikolaus war noch nie der Osterhase. Glaubst du denn, ich zahl diese Horror-Abfindung für Klinsmann und kauf Diego und investier in Scheiß-Therapien, damit du in Wolfsburg oder an der Weser ... Nix da! Auf dem Oktoberfest werden wir wieder Weißbier in dich reingießen, das wird eine Gaudi! Die nächsten Jahre bleibst du bei mir und Rummenigge! Diego, Olic, Özil, Obasi! Ich kauf auch Dzeko! Ibisevic, Salihovic, Novakovic, alle Vics der Liga! Und MESSI!! Da müssen wir die Reservebank verlängern und die anderen Teams brauchen nur noch zwei Klappstühle! *(Krümmt sich vor Lachen)*

DIE MEISTERSCHALE: Man kann nicht alles mit Geld kaufen. Es muss auch ein Herz und eine Seele geben.

HOENESS: Du dumme Schüssel!

Plötzlich löst sich die Schale von Hoeneß' Hals und erhebt sich über das Şükrü-Saracoğlu-Stadion. Hoeneß springt auf und drängt Wolodymyr Ogrysko, nach der Schale zu greifen, aber der interessiert sich nur für den UEFA-Pokal. Dann fliegt die Meisterschale von Istanbul nach Wolfsburg. Wer hätte das vor der Saison gedacht. Hoeneß sitzt stumm da.

2

Das Wunder von der Weser. Über Werder Bremen (Eine Liebeserklärung)

Man hat einmal behauptet, die Menschheit würde Fußball lieben, weil man nicht weiß, wie es ausgeht. Eigentlich trifft dies auf keinen Verein besser zu als auf Werder Bremen. Wir wissen, wie das Leben ausgeht, wir wissen sogar meist, wie die Ehe ausgeht, aber kein Mensch weiß, wie ein Spiel von Werder Bremen ausgeht. Ich bin mit dieser Ungewissheit und den Wundern groß geworden. Nicht nur in Worpswede in der Künstlerkolonie, sondern vor allem 20 Kilometer weiter nördlich bei Werder.

Bremen ist eine der wundervollsten deutschen Städte. Klein, schön, sogar sehr schön, nicht reich, eher arm, aber würdevoll. Und eben wundersam. Im Prinzip ist der Bremer sachlich, manche sagen sogar stur, aber regelmäßig wirken über Bremen magische Kräfte, und dann ereignen sich Dinge, die man einfach nicht verstehen kann. Meist geschieht dies an jener Weserbiegung, wo der Fluss erst eine Rechtskurve, dann sofort wieder eine Linkskurve macht und wo er vor Jahrhunderten ein Stück Land, die Peterswerder, aufgeschwemmt hat. Dort steht das Bremer Weserstadion, und das Weserstadion ist eine der letzten Wunderstätten einer an Wundern armen Republik.

Das erste Wunder habe ich in der Ostkurve erlebt, 1987 im November, einer dieser berühmten Bremer Flutlichtabende, UEFA-Pokal, 2. Runde, Rückspiel gegen Spartak Moskau. Dichter, kalter Nebel lag über dem Rasen, und ich hatte über mein Karl-Heinz-Riedle-Trikot noch das alte Manfred-Burgsmüller-Trikot und das noch ältere Rudi-Völler-Trikot gezogen.

Das Hinspiel hatte Werder 1:4 verloren, keiner rechnete mehr mit einem Weiterkommen. Und dann das: 4:1 für Bremen nach 90 Minuten! Verlängerung: Riedle mit dem Kopf ins Glück, 100. Spielminute.

Ich weiß noch, dass ich mir alle anderen Trikots wieder vom Leibe riss, um nur im Karl-Heinz-Riedle-Trikot zu jubeln. Und dann kam sogar noch Burgsmüller mit einem Drehschuss: 6:1!

Es ist zwar fast ein Vierteljahrhundert her, aber ich sehe

immer noch, wie ich mir in Ekstase im Wesernebel wieder das Manfred-Burgsmüller-Trikot über das Karl-Heinz-Riedle-Trikot zog.

Ich habe noch ein Wunder von der Weser erlebt: Nikolausabend 1989, UEFA-Pokal, Rückspiel gegen den SSC Neapel, den Titelverteidiger, damals eine der besten Mannschaften der Welt. Endergebnis: 5:1! Wunder! Natürlich wieder unter Flutlicht!

Für Neapel spielte im Weserstadion: Diego Maradona, also Gott; auf Bremer Seite hießen die Spieler ganz einfach Jonny Otten, Günter Hermann oder Dieter Eilts. Die Eintrittskarte von diesem irren Nikolausabend habe ich bis heute.

Es gab natürlich auch tragische Momente, die ich nie vergessen werde. April 1986: Handelfmeter in der vorletzten Minute gegen Bayern München. Wenn Kutzop trifft, ist Werder Bremen vorzeitig deutscher Fußballmeister. Kutzop, der alle sieben Elfer dieser Saison sicher verwandelte, läuft an, er verlädt Jean-Marie Pfaff im Bayern-Tor, aber – rechter Außenpfosten. Das nächste Spiel gewinnt Bayern und Bremen verliert, aus, vorbei, Meistertraum ade. Kurzum: »Kutzop«, wie man hier in Bremen sagt. Man muss nur »Kutzop« sagen, dann umarmen sich wildfremde Bremer und halten sich noch 25 Jahre danach tröstend in den Armen.

*

Werder Bremen war schon immer die Horrormannschaft der Toto-Tipper. Auf Werder konnte man sich nicht verlassen: Ausscheiden gegen den FC Superfund Pasching im UI-Cup und in derselben Saison 2003/04 deutscher Meister und Pokalsieger.

Aber vielleicht waren diese Temperaturstürze genau das, was die Werderaner zur beliebtesten Mannschaft des Landes machte. Einen Tag gelingt gar nichts, man ist unfassbar schlecht, und dann geht plötzlich im Wesernebel das Flutlicht an, und ein Wunder geschieht. Eine Mannschaft also, die sich immer wieder aus dem Sumpf zog und über sich hinauswuchs in offensivster Schönheit – das mochten die Menschen, da konnten die Bayern aus München siegen, wie sie wollten, gegen diese typische Bremer Mischung aus Stümperei und Weserwundern, aus Genie und Wahnsinn kamen sie nie an, denn die Werderaner aus Bremen hatten immer etwas, wie ich finde, Lebendigeres, ja Menschlicheres.

Und das hieß auch, sie hatten nie Geld. Das Geld, das die Bayern besaßen, um ihre Millionenkäufe auf die Reservebank zu setzen, damit diese bloß nicht woanders spielen konnten, so etwas gab es in Bremen nie. Da waren sich der besonnene Bremer Kaufmannsgeist und Werder immer sehr nah. Man kaufte billig ein, formte aus dem Erworbenen eine Weltmarke und gab sie teuer weiter: Für Micoud, das französische Genie der Meistermannschaft von 2004, holte man Diego von der Ersatzbank aus Porto. Dann gab man ihn für viel Geld Juventus Turin, aber hatte vorher Özil geholt, den sie auf Schalke nicht haben wollten. Heute spielt Özil bei Real Madrid.

Und offenbar ist es in Bremen so schön, dass sogar einige Spieler wiederkamen; Torsten Frings flüchtete von den Bayern zurück an die Weser, ebenso Tim Borowski oder der wundervolle Stürmer Claudio Pizarro. Ja, Werder Bremen ist innerhalb des globalen, oft seelenlosen Transferfußballs eine kleine, familiäre Trutzburg geblieben, geradezu bremisch stur darin, noch irgendwie menschlich zu bleiben.

Das hat natürlich auch mit der Bremer Trainerpolitik zu tun. Wechselte man die Trainer beim Hamburger Sportverein, dem großen Nordkonkurrenten, fast wie Unterhosen neunmal in neun Jahren, gab es bei Bremen nur: Thomas Schaaf, Thomas Schaaf, Thomas Schaaf.

So etwas fällt natürlich auf in schnelllebigen Zeiten und hat seit Otto Rehhagel, der 14 Jahre in Bremen war, Tradition, der sich Manager wie Willi Lemke und Klaus Allofs verpflichtet fühlten. Man kann sich eine Trainerentlassung, die eigentlich das Normalste der Welt ist, in Bremen nicht vorstellen. Eher würde in Bremen der Roland auf dem Marktplatz umfallen, als dass Thomas Schaaf einfach so entlassen würde.

Thomas Schaaf, seit 1972 Mitglied bei Werder, erst als Jugendspieler, dann als Profi, später als Trainer, ist eigentlich das neue Wahrzeichen von Bremen, man könnte ihn neben eben jenen Roland stellen oder auf die berühmten Bremer Stadtmusikanten einfach oben draufsetzen, mit Trainingsjacke.

Dabei ist Schaaf gar nicht Bremer, sondern Mannheimer. Aber alle Menschen, die lange in Bremen leben, werden irgendwann bremisch, und daher fällt die Intonation mehrsilbiger Wörter auch bei Schaaf schon nach der ersten Silbe ab, diese Phänomen ist mittlerweile sogar bei dem Peruaner Pizarro zu beobachten.

Schaaf, von dem auch einige behaupten, er würde nur zu Hause im Keller lachen, hat sich in Bremen einen Traum verwirklicht, den wahrscheinlich nur ein einstiger Abwehrspieler unter Otto Rehhagel träumen kann: eine totale Sturmmannschaft! Eine Mannschaft, die so bedingungslos nach vorn spielt und dem Defensivfußball so offensiv den Kampf ansagt, dass sie manchmal quasi überhaupt keine Abwehr mehr hat. Nur in Bremen sind deshalb Ergebnisse möglich wie 5:4 gegen Hoffenheim, 3:6 gegen Stuttgart, 8:1 gegen Bielefeld, 0:5 gegen Gladbach, 5:3 gegen Freiburg oder 4:4 gegen den FC Valencia usw., mit der sonstigen Bremer Sparsamkeit hat das natürlich nichts zu tun.

*

Es gibt Leute, die vorwiegend aus dem Süden kommen und behaupten, Bremen sei zwar vielleicht ganz niedlich, aber doch sehr langweilig. Das ist natürlich Unsinn.

In den Sechzigerjahren brachte Bremen ein bisher unvergleichliches Theaterwunder unter dem »Manager« Kurt Hübner hervor, mit den »Trainern« Zadek, Stein, Fassbinder und den »Spielern« Ganz, Lampe, Buhre – da spielte man in den Münchner Kammerspielen noch brav vom Blatt. Und richtig aufregend, sagen die Südleute weiter, sei nur der FC Bayern mit seinem von Uli Hoeneß geleiteten Komödienstadel. Auch das ist Unsinn.

Unvergessen der Boxkampf der Werder-Spieler auf dem Trainingsgelände: Ein brasilianischer Gelegenheitsspieler, der vorwiegend in den Diskotheken am Hauptbahnhof munter war und während der Spiele einschlief, boxte sich mit dem Ivorer Boubacar Sanogo wie Klitschko mit Fallobst. Diego, der zarte und geniale Spiellenker, würgte in Karlsruhe plötzlich seinen Gegenspieler wie im Wrestlingring. Ivan Klasnić, der kaltblütige Kroate, musste sich zwei Nierentransplantationen unterziehen, verklagte den Mannschaftsarzt und schoss neun Monate nach der Operation fast im Alleingang Leverkusen und Schalke ab, eine medizinische Sensation. Und nebenbei fuhr die halbe Werder-Mannschaft mit gefälschten Führerscheinen der Klassen A und B durch die Hansestadt, weil sie keine Zeit für Fahrstunden hatte, aber Geld für tolle Autos.

Es gibt außerdem wunderbare Typen bei Werder: Tim Wiese, der frisierte Torwart, der vermutlich genauso oft seine Haare föhnt wie trainiert und der so undiplomatisch ist, dass es in der immer artiger werdenden Profiwelt schon wieder erfrischend wirkt. Oder früher Torsten Frings, der sich für fast jedes Spiel weitere chinesische Lebenssymbole auf seinen Oberkörper tätowieren ließ und der Syker Kreiszeitung wunderbar kauzige Interviews gab, seitdem Werders Hauspostille.

Außerdem herrschen die magischen Bremer Kräfte inzwischen sogar auswärts. Während des UEFA-Cup-Halbfinales im Mai 2009 beim HSV flog eine Papierkugel genau in dem Moment auf das Feld, als ein HSV-Verteidiger einen Rückpass spielen wollte. Doch die Papierkugel hob den Ball an, sodass der Verteidiger den Ball versehentlich mit dem Schienbein über die eigene Torauslinie lenkte.

Was folgte, ist Geschichte: Ecke Diego, Kopfball Baumann, Tor. Ausgerechnet Kapitän Baumann, der noch nie ein wichtiges Tor vollbracht hatte! Es war Baumanns letztes Spiel, der HSV flog raus, Bremen fuhr zum Finale nach Istanbul, und die Papierkugel wurde zugunsten eines Kinderhospizes in Syke versteigert.

Oder das Wunder von Genua im August 2010, Qualifikation zur Champions League. Bremen hatte das Hinspiel 3:1 gewonnen und lag dann bei Sampdoria Genua 0:2 hinten. Alles schien dahin, vorbei, und Schaaf, Allofs, alle saßen sie ganz blass auf der Bank. Zudem stand ein Werder-Spieler an der Seitenauslinie und wurde vom Schiedsrichter nicht mehr aufs Spielfeld gelassen, da sein Trikot blutverschmiert war. Werders Zeugwart hatte kein frisches mehr, nicht mal das funktionierte. Und dann wechselte Schaaf aus lauter Verzweiflung Markus Rosenberg ein, der schon gefühlte zwei Jahre keinen Ball mehr getroffen hatte.

Und was passierte? (Okay, erst noch ein Drama: Es gab noch ein weiteres Gegentor.) Aber in der dritten Minute der Nachspielzeit zog Rosenberg aus 18 Metern flach ab und traf. Ausgerechnet Rosenberg! Das Tor (und ein weiteres, diesmal von Pizarro, in der Verlängerung) bescherte Bremen 15 Millionen Euro, sodass man sich noch schnell einen Ersatz für Özil kaufen konnte.

Existenzielle Bluttrikots und Papierkugeln Gottes, so etwas gibt es nur bei Werder. Man spricht bei den Bayern immer vom profanen »Dusel«, bei Bremen sind es die »Wunder«.

*

Von Dieter Burdenski hatte ich als Jugendlicher auch immer ein Trikot. Die Torwartlegende von Werder ist Ehrenspielführer des Klubs, 444 Spiele, so viele wie kein anderer. Als ich Kind war und eine Zeit lang im Tor spielte, steckte ich mir immer das Burdenski-Hanuta-Abziehbild von der WM '78 in Argentinien unter die Stutzen. Es sollte mir Glück bringen, und als Werder-Fan glaubte natürlich jedes Kind an Magie.

Und es brachte Glück. Heute sehe ich fast jedes Spiel der Bremer in der Dieter-Burdenski-Loge, zusammen mit anderen Werder-Besessenen wie Matthias Brandt, dem Schauspieler, mit Kulturstaatsminister Bernd Neumann oder Günter Grass. Denn sie alle lieben Wunder. Besonders bei Flutlicht.

VON WELTMEISTERN UND DENEN, DIE ES WERDEN WOLLEN – ZWEI GESPRÄCHE

1
Ein Pferd für Helmut Rahn oder Ich könnte mich stundenlang mit Ihnen über das Endspiel unterhalten!

Gespräch über das »Wunder von Bern« mit Horst Eckel (Weltmeister von 1954) und Rudi Gutendorf (Trainerlegende)

Schloss Neuhardenberg am 25. Oktober 2008

Anlässlich einer Tagung zum Thema »Fußball-Nationen – Identitätsstiftung durch Fußball« treffe ich als Moderator auf den 76-jährigen Horst Eckel und den 82-jährigen Rudi Gutendorf. Ich habe mich auf das Gespräch gefreut, weil ich bisher noch nie einen Weltmeister getroffen habe außer Beckenbauer beim Pokalfinale, als wir über den Geist von Malente und meinen Großvater sprachen, und Klinsmann, als ich ihm das Handtuch am WM-Pool übergab. Eckel trägt einen dunkelbraunen Anzug an diesem Herbsttag im Märkischen Oderland; Gutendorf, der Weltenbummler, einen weißen.

MORITZ RINKE: Herr Gutendorf, ich habe mir einmal die Mühe gemacht, Ihre Trainerstationen zusammenzufassen, Sie stehen ja sogar im Guinnessbuch der Rekorde als Trainer mit den meisten internationalen Engagements: Erste Station Blue Stars Zürich 1955. Wechsel zum FC Luzern, kurz danach von Konrad Adenauer nach Tunesien entsandt mit den Worten: »Machen Se et jut da, Herr Jutendorf, sonst nehmen die einen Trainer aus der Sowjetzone.« Von Tunesien zum MSV Duisburg, Geburt des Gutendorf'schen Riegels, wahrscheinlich so eine Art Mischung aus Otto Rehhagel, Briegel und Cannavaro, aber viel besser. Danach Wechsel zum VfB Stuttgart, dann USA, Bermudas, danach zu Schalke, später immerhin im DFB-Pokalfinale gegen die Bayern. Dann zu Kickers Offenbach; dann mit Cristal Lima den peruanischen Pokalsieg errungen, angeblich ließen Sie sogar den Regisseur Werner Herzog dort eine Viertelstunde lang verteidigen. Sie waren Nationaltrainer in Chile, Vertrauter von Salvador Allende, und wurden mit der letzten Lufthansa-Maschine vor dem Putsch ausgeflogen. Danach 1860 München, Bolivien, Venezuela, Fortuna Köln, Tennis Borussia Berlin, HSV mit Kevin Keegan, vor Hertha schnell noch nach Australien, Neu-Kaledonien, Fidschi-Inseln, Tonga-Inseln, in Nepal, zwei Mal in Japan Meister, in Ghana mit Yeboah, wieder Hertha, schnell nach Honduras, China, Iran, Nationaltrainer in Simbabwe, Sportdirektor in Koblenz. Und ab 1999 Trainer der Nationalelf von Ruanda. – Willkommen, Herr Gutendorf.

Horst Eckel: Sie haben einen Posten vergessen: Trainer der Lotto-Mannschaft, der erfolgreichste Trainer der Welt. Von ungefähr hundert Spielen haben wir nur eins verloren.

Rudi Gutendorf: Wir haben mit der Lotto-Prominentenmannschaft, in der Wolfgang Overath, Stefan Kuntz und Horst Eckel mitspielen, 770000 Euro für soziale Zwecke zusammengespielt. Ich betrachte das als meine erfolgreichste Station, zusammen mit dem Horst Eckel.

Moritz Rinke: Horst Eckel vorzustellen, hieße, Eulen nach Athen tragen. Herr Eckel, Sie sind gelernter »Außenläufer«, so nannte man das früher, und gehörten zu den fünf Spielern des 1. FC Kaiserslautern, denen Sepp Herberger 1954 das Vertrauen schenkte, zu Recht, wie wir alle wissen. Im Munzinger heißt es: »Der lauf- und kampfstarke Defensivspieler Eckel schaltete im WM-Finale von Bern 1954 gegen die haushoch favorisierten Ungarn die hängende Spitze Nándor Hidegkuti nahezu aus …« – was in ähnlicher Weise bisher wohl nur noch Guido Buchwald gegen Maradona gelang. Rudi Michel, der große Fußballkommentator, sagte über Sie: »Lang-schmaler Typ mit prächtiger Ballführung und feiner Nahkampftechnik«. Willkommen, Herr Eckel!

Horst Eckel: Es ist mir eine Ehre, hier zu sein.

Moritz Rinke: Herr Gutendorf, als das »Wunder von Bern« geschah, waren Sie noch Rechtsaußen bei TuS Neuendorf, heute TuS Koblenz. Wie haben Sie das erlebt?

Rudi Gutendorf: Es war eine ganz komische Gefühlslage. Ich war auch nah an der deutschen Nationalmannschaft dran. Ich stand im sagenumwobenen Notizbuch von Sepp Herberger ... Ich war wahnsinnig ehrgeizig. Als Soldat war das Höchste für mich, ohne dass ich je an der Front gestanden hätte, ein Ritterkreuz zu bekommen, weil alle Mädchen den Ritterkreuzträgern nachgelaufen sind. Die zweite große Sache war, in die deutsche Nationalmannschaft zu kommen. Aber ich hatte null Chancen. Ich war Rechtsaußen – und wir mussten damals immer auf der rechten Seite bleiben, nicht wie heute –, und da hatte ich keine Chance, weil da der Helmut Rahn war. Darüber war ich traurig.

Moritz Rinke: Dabei haben Sie doch ein großes Verdienst an Helmut Rahn? Ich habe gelesen, dass Sie ihm einmal ein Pferd gekauft haben, damit er nicht durchdrehte. Rahn war wohl ein Pferdenarr.

Rudi Gutendorf: Das war schon in den Sechzigerjahren. Ich war Trainer beim Meidericher SV, später MSV Duisburg, und wir hatten keine spektakulären Namen in der Mannschaft. Da hörte ich, dass der Helmut Rahn besoffen in eine Baugrube gefahren war und das Gefängnis wartete. Und da habe ich meinen Vorstand gefragt, ob ich ihn nicht in der Mannschaft haben kann. Das waren allerdings so intellektuelle Vorstandsmitglieder, die meinten, das ginge nicht. Mit anderen Worten: Wir sind ein anständiger Verein, und der passt nicht zu uns. Aber ich habe gebeten und blieb hartnäckig, so trat ich in Verhandlungen mit Enschede, wo Rahn damals war, die wollten allerdings eine sehr hohe Ablöse haben. Letztlich konnte ich mit meinem halb verrosteten VW den Helmut Rahn in Enschede abholen. Ich wusste, wenn er bei uns spielte – er ist ein Essener Junge –, würden mindestens sechs-, siebentausend Essener zu jedem Spiel kommen. Außerdem fühlte ich mich stark genug, ihn zu motivieren, mich um ihn zu kümmern, was auch nötig war, denn er hat immer noch gern einen getrunken. Ich wusste, dass da noch was drin ist, und er hat es mir gedankt. Um so einen Edelstein muss man sich kümmern. Wichtig ist es, als Trainer auch Psychologe zu sein und sich Zeit zu nehmen. – Das ist mir mit Meiderich so gut gelungen, dass wir im ersten Jahr der Bundesliga Vizemeister wurden, um ein Haar hätten wir's zum Deutschen Meister geschafft.

Moritz Rinke: Und das Pferd?

Rudi Gutendorf: Das haben wir zusammen für ihn gekauft. Es war ein schönes Pferd.

Moritz Rinke: Und 1954, das »Wunder von Bern« – wie war das für Sie als Deutscher, Herr Gutendorf? Waren Sie stolz?

Rudi Gutendorf: Mein Vater, den ich nie weinen sah, dem liefen die Tränen. Aber als Deutscher war ich natürlich stolz, gegen die Ungarn gewonnen zu haben, die ja kein Mensch schlagen konnte. Die Ungarn leiden heute noch darunter, dass sie dieses Spiel verloren haben. Stolz ja, aber mit etwas Wehmut im Herzen, an diesem Erfolg nicht direkt beteiligt gewesen zu sein, und wenn es auch nur als Ersatzmann gewesen wäre. Es war der Traum meiner Jugend, mal in der deutschen Nationalmannschaft dabei zu sein, aber ich hatte nie die Ehre, dazuzugehören, weil eben Bessere da waren. Das muss ich mal sagen.

Moritz Rinke: Herr Eckel, Sie sind nicht nur Zeit- und Augenzeuge dieses »Wunders von Bern«, Sie sind gewissermaßen einer seiner Verursacher. Wir alle, oder besonders die Älteren von uns, leben mit diesem Mythos, mit dieser sogenannten Republikgründung. Es gibt Bücher darüber, sogar literarische wie das von F. C. Delius »Der Sonntag, an dem ich Weltmeister wurde«. Die berühmte Zimmermann-Reportage kann man sich als Klingelton aufs Handy herunterladen, und es gibt »Das Wunder von Bern« als Spielfilm im Kino. Und trotzdem stellen wir Jüngeren uns dieses Ereignis in Schwarz-Weiß vor, Sie allerdings haben es in Farbe erlebt. Wie war das denn nun, Herr Eckel? Haben Sie vor lauter Bebilderung und angesichts der Tatsache, dass Ihre Geschichte immer wieder erzählt und verfilmt wurde, überhaupt noch eigene Bilder?

Horst Eckel: Ich habe das alles noch sehr gut im Gedächtnis. Ich könnte beinahe jeden Spielzug dieser neunzig Minuten nachvollziehen. Es war das Größte, das ein Fußballer erreichen kann, und ich mit meinen 22 Jahren durfte da schon mitspielen – das bleibt immer in Erinnerung. Wir waren ja zu dieser Zeit weder sportlich noch wirtschaftlich oder politisch auf der Welt anerkannt. Und Deutschland fuhr das erste Mal wieder zur Weltmeisterschaft, niemand hat mit uns gerechnet. So haben wir angefangen, in der Schweiz zu spielen. Wir wollten für Deutschland spielen, wie weit wir kommen, hat niemand geahnt. Wir dachten, wir könnten vielleicht ins Viertelfinale vorstoßen. Im Laufe der Spiele wurden wir dann immer stärker, damit wurde auch das Selbstvertrauen in der Mannschaft immer größer. Die Kameradschaft war sowieso da. Ich behaupte heute noch: Ohne die Kameradschaft, nicht nur bei den elf Leuten, die Weltmeister geworden sind, sondern bei allen 22, wären wir nie Weltmeister geworden.

Moritz Rinke: Wann haben Sie denn erfahren, was Ihre Aufgabe im Endspiel sein würde? Fünf Minuten vor Spielbeginn, oder wurden Sie langsam herangeführt?

Horst Eckel: Nein, ich konnte noch eine Nacht drüber schlafen. Wenn ich auf eine Position gestellt wurde, habe ich gemacht, was man von mir verlangt hat, und mein Bestes gegeben. Nicht so wie heute: Wenn heute mal einer auf einem anderen Posten spielen muss, hat er schon große Schwierigkeiten. Das hat es bei uns nicht gegeben, da hätte er auch nur zwei Mal gespielt, das erste und das letzte Mal. So war das bei Herberger. Ich war an diesem Vorabend nur überrascht, weil wir unsere Spielersitzung gemacht haben und Herberger nicht groß was anderes gesagt hat als bei den anderen Spielen. Aber plötzlich kam er zu mir und sagte: »Und Sie spielen gegen Hidegkuti und nicht gegen Puskás. Und Sie spielen gut gegen diesen Mann. Puskás ist der Torschütze der Ungarn, aber Hidegkuti ist der Kopf der Mannschaft. Und den möchte ich neunzig Minuten lang nicht sehen.«

Moritz Rinke: Und das war ja dann auch der Fall ...

Horst Eckel: Ja, es ist mir wohl einigermaßen gelungen. Wir sind ja Weltmeister geworden.

Moritz Rinke: Ich könnte mich stundenlang mit Ihnen über das Endspiel unterhalten, aber was ist danach passiert?

Horst Eckel: Wir haben geduscht, gesungen und uns angezogen.

Moritz Rinke: Und am nächsten Tag sind Sie in den Zug gestiegen und durch Deutschland gefahren.

Horst Eckel: Da muss ich noch mal kurz zurückgehen: Nach neunzig Minuten hat der Schiedsrichter abgepfiffen, wir hatten die Ungarn 3:2 geschlagen, wir haben gejubelt, wir waren glücklich, aber wir haben nicht gewusst, was dieser Weltmeisterschaftssieg für uns und für die vielen Menschen in Deutschland bedeuten sollte. Wir sind in die Kabinen und saßen da: Stimmt das überhaupt? Sind wir überhaupt Weltmeister? – Es hatte ja niemand damit gerechnet. Es herrschte Totenstille. Bis Herberger sagte: »Was ist mit euch los? Wisst ihr überhaupt, dass ihr Weltmeister seid? Jetzt geht ihr unter die Brause, und ich möchte euch singen hören.« Es war so ein Steckenpferd von Herberger, zu jeder Gelegenheit mussten wir »Hoch auf dem gelben Wagen« singen. Erst dann konnte die Freude ausbrechen. Aber auf der Rückfahrt im Bus war wieder Totenstille, da war kein Jubel, Trubel, ebenso beim Bankett abends: Es wurde eine Rede gehalten, wie das üblich war, jeder durfte ein bisschen trinken, Helmut trank ein bisschen mehr. Erst als wir deutschen Boden betraten, die Tausenden von Menschen sahen, die den Zug nicht weiterfahren ließen, war uns richtig bewusst: Wir sind Weltmeister. In München waren dann nicht nur zehntausend, da waren über hunderttausend Leute, und das ging so weiter, in Berlin, in Bonn, überall, wo wir hinkamen. Und die Leute haben nicht gesagt, die Elf und Herberger sind Weltmeister, sondern: *Wir* sind Weltmeister.

Rudi Gutendorf: Was Horst Eckel, Helmut Rahn und die anderen für diesen WM-Sieg bekommen haben: eine Waschmaschine und noch ein paar Kinkerlitzchen ...

Horst Eckel: Nein, wir haben auch Geld bekommen. Wir sind allerdings nicht in die Schweiz gefahren, um Geld zu verdienen, sondern um Fußball zu spielen – das hat Herberger immer gesagt. Deshalb durfte über Geld gar nicht gesprochen werden. Erst als wir im Endspiel standen, sind die älteren Spieler zu Fritz Walter gegangen, ob er nicht mal beim DFB anfragen könne, ob man nicht ein paar Mark bekommen könne, wenn man wirklich Weltmeister wird. Schließlich ging Herberger zum DFB und nach langen Diskussionen beschloss man, wenn wir wirklich Weltmeister werden, bekommen alle 22 Spieler 1000 Mark und pro Spiel noch einmal 200 Mark. Und weil Fritz Walter und ich ja alle Spiele gespielt haben, waren wir die Großverdiener, also 2200 Mark. Dazu kam das, was Rudi gesagt hat. Und einen Motorroller, nicht zu vergessen.

Rudi Gutendorf: Jeder hat sich mit der Fritz-Walter-Eckel-Mannschaft – bescheiden, nicht reich – hundertprozentig identifiziert. Die Frage ist, wie ich das heute sehe: Kurányi, Frings, Ballack – kann man sich mit denen, die Millionen auf dem Konto haben, so hundertprozentig identifizieren? Und diese Leute wehren sich dagegen, wenn sie mal auf der Bank sitzen sollen – da gibt es fast eine Revolution gegen den Trainer ...

Horst Eckel: Eine Revolution gegen Herberger gab es nicht.

Rudi Gutendorf: ... Leute, die dem Herrgott eigentlich für ihr Glück danken sollten, die in Saus und Braus leben – im Gegensatz zu den Spielern der Horst-Eckel-Mannschaft, die sich über eine Waschmaschine freuten und tatsächlich Weltmeister wurden – das sind ja heute alles gar keine Weltmeister, die da aufbegehren!

Horst Eckel: Wenn ich vergleiche: als wir Fußball gespielt haben und die heutige Generation ...

Rudi Gutendorf: Meine Mutter hat immer gesagt, als sie merkte, dass ich gern Fußball spiele: »Junge, lass das doch. Du läufst einer leeren Kutsche nach.« Aber die Liebe zum Fußball konnte mich nicht davon abhalten.

2

»Hast du elf Freunde?« Was verbindet einen schreibenden Fußballer mit einem kickenden Schriftsteller? (Gespräch mit Philipp Lahm)

Philipp Lahm traf ich im August 2011 in München, wenige Tage vor Erscheinen seines Buchs »Der feine Unterschied«, das für mich völlig unerwartet einen erheblichen Wirbel verursachte. Der Kapitän der Nationalmannschaft hat eher harmlos über Trainingsmethoden bei Klinsmann und Völler geschrieben, die dann jedoch durch den aufgepeppten Vorabdruck in »Bild« plötzlich wie wüste Abrechnungen klangen. Die Wochenzeitung DIE ZEIT, die dieses Gespräch moderierte, war ebenso überrascht und schob vor der Veröffentlichung noch eine Frage nach, die diesen konstruierten Skandal abhandelte. Ansonsten lauteten die Themen eher integrativ: Was verbindet einen schreibenden Fußballer mit einem kickenden Schriftsteller? Wie gehen beide mit Kritiken um? Kann man Texte ebenso verteidigen wie eine 1:0-Führung? Was verbindet das Literaturnobelpreis-Komitee mit der FIFA? Und was hat das alles mit Angela Merkel und der Abwehr von Werder Bremen zu tun? Das Gespräch führte Moritz Müller-Wirth.

DIE ZEIT: Herr Lahm, Herr Rinke, es gibt ein Phänomen, das Ihre beiden Berufe verbindet: Viele Laien glauben, sie könnten mithalten. Kaum gelingen zwei Flachpässe im eigenen Garten, meldet der Vater den Sohn beim FC Bayern an. Und nach dem dritten gelungenen Eintrag in irgendein Gästebuch versuchen sich die Leute an einer Kurzgeschichte. Wie groß ist der Unterschied zwischen Profis und engagierten Laien?

Philipp Lahm: Es ist schon ein riesengroßer Unterschied, allein vom Zeitaufwand, von der tagtäglichen Arbeit. Wir haben mit dem FC Bayern einmal gegen meinen Heimatverein gespielt. Das Spiel ging dann 18:0 aus – für uns. Da haben sie gesehen, dass die Spannweite zwischen Profifußball und Kreisliga doch ein bisschen größer ist.

ZEIT: Ist das bei Schriftstellern ähnlich?

Moritz Rinke: Anders als im Profifußball schaffen es bei uns immer häufiger Kreisligisten ins Rampenlicht, aber ich kann mir nicht vorstellen, wie man das auf Dauer ohne Talent durchhalten soll. Es gibt diese schöne Formel: 10 Prozent Genie, 90 Prozent Transpiration ...

Lahm: Also, 10 Prozent Messi, 90 Prozent Gattuso? Gattuso ist dieser beinharte italienische Verteidiger.

Rinke: Ich weiß, Gattuso oder Ottl, um es etwas bayerischer zu sagen ...

Lahm: Andreas Ottl ist gar nicht mehr beim FC Bayern, der spielt jetzt bei Hertha in Berlin!

Rinke: Ich wollte eigentlich auch nur sagen, ohne Gattuso und Ottl können wir keinen Roman schreiben. Der Spielaufbau eines Textes, die Spieleröffnung, das alles schreiben wir von vorne nach hinten heraus. Bei uns ist vorne, was bei euch hinten ist, darauf müssen wir uns einigen. Es gibt zum Beispiel für die Dramatik bei Aristoteles den »Eröffnungsdreischritt in der Figurenexposition«, ich finde, das klingt doch wie Jogi Löw?

LAHM: Sprechen wir mal über den Schritt von der Spitze zur absoluten Weltspitze. Ottl, mit dem ich übrigens gut befreundet bin, hat bereits 99 Prozent der Fußballer seines Jahrgangs hinter sich gelassen. Er ist also schon absolute Spitze. Was ihm zu den Messis und Ribérys fehlt, ist also nur der allerletzte Schritt.

RINKE: Ribéry und Robben sind in der Vorwärtsbewegung genial, aber was ist mit der Rückwärtsbewegung?

LAHM: Na ja …

RINKE: Ein Schriftsteller muss natürlich diese wahnsinnigen, ribéryhaften Momente haben und den Konstruktionsplan einfach mal über den Haufen werfen, aber trotzdem muss das Grundgerüst stehen bleiben, sonst kommt man nicht weiter. Es gab allerdings auch große Schriftsteller, die haben auf Bierdeckeln ganze Stücke skizziert, Max Frisch zum Beispiel. Ich halte ganz viel von Max Frisch, aber seine Theaterstücke sehen mit Verlaub etwas statisch aus, wie Ottl auf dem Platz. Da schert nichts aus, da ist kein Ribéry und kein Robben. Das ist bei seinen grandiosen Romanen ganz anders.

ZEIT: Herr Lahm, Sie schreiben in Ihrem Buch, die allermeisten Menschen, die über Fußball reden, hätten keine Ahnung. Sie sagen auch, dass Sie Kritiken nicht lesen, andererseits zitieren Sie Artikel, in denen positiv über Sie geschrieben wird. Das sollten wir klären. Sind Journalisten nur dann oberflächlich, wenn sie kritisch schreiben?

LAHM: Niemand ist scharf auf Kritik, mich irritiert aber auch Lob, wenn ich selbst weiß, dass ich nicht gut war. Aber man kriegt trotzdem alles aus den Medien mit, auch wenn man gar nicht liest. Man kommt zum Training in die Säbener Straße: »Hast du das Interview gehört von dem und dem?« Und dann erzählt dir alles der Mannschaftskollege.

RINKE: Das gibt es bei uns auch. Wenn du es nach einer Uraufführung den halben Tag geschafft hast, nicht in die Zeitungen zu schauen, dann kommt am Nachmittag die SMS eines Schauspielers: »So eine Unverschämtheit! Dieser blinde Kritiker!«

ZEIT: Fußballer werden ja wirklich mit Noten bewertet. Wie wichtig sind Ihnen, Herr Lahm, diese Zensuren?

LAHM: Ich schaue mir manchmal die Noten in der *Bild* an, man kommt nicht drum herum. Und dann gibt dir einer, der *Kicker* zum Beispiel, eine Vier, und in der *Bild* hat man eine Zwei, oder umgekehrt, und da sagt man sich schon, irgendwas stimmt da nicht.

RINKE: Tschechow, der russische Dramatiker, hat einmal geschrieben: »Die Leute sprechen über Stücke in einem Ton, als sei es kinderleicht, sie zu schreiben. Ich wünschte mir, dass das ganze Publikum in einem einzigen Menschen verschmölze und ein Stück schriebe, und dass Sie und ich dann in einer Loge säßen und das Stück auspfiffen.«

LAHM: *(Lacht)* Wir stellen uns oft die Frage, ob der Journalist, der da irgendwas geschrieben hat, selbst mal Fußball gespielt hat und wenn ja, in welcher Liga?

Rinke: Ein Kritiker muss nicht gut im Stückeschreiben sein, er muss nur ein liebendes Herz für Stückeschreiber haben. Es gibt ja inzwischen auch Trainer, Klopp in Dortmund oder Tuchel in Mainz, die exzellenten Fußball spielen lassen, aber selbst keine großen Spieler waren.

Lahm: Es gibt niemanden, der mehr Kompetenz hat als ein Spieler oder ein Trainer, also jemand, der täglich mit Positionen und mit Taktik beschäftigt ist. Kritiker oder Journalisten sind das nicht.

Zeit: Wenn die Kritiker nicht das Korrektiv sind, wer dann?

Lahm: Der Trainer ist ein sehr guter Ansprechpartner, Mitspieler teilweise. Ich habe einen Berater, der sich im Fußball auskennt. Wir haben früh angefangen, dass meine Eltern mir nicht mehr gesagt haben, ob sie mich gut oder schlecht fanden, bei uns in der Familie ist Fußball immer noch die schönste Nebensache der Welt. Da lohnt es sich nicht, dass wir uns streiten. Der Fußball kann die Familie nicht angreifen.

Rinke: Weil keiner in deinem Spiel autobiografische Momente ablesen kann!

Lahm: Kann es denn bei dir sein, dass der eine sagt, ja, gefällt ihm super, und der andere sagt, was hast du da für einen Müll geschrieben?

Rinke: Das ist ja das Schöne an der Kunst. Der Künstler muss nur unterscheiden: Mag der, der kritisiert, seine Art nicht, wie er auf Menschen schaut. Oder sind es handwerkliche Argumente. Es gibt Kritiker, die können das selbst nicht mehr unterscheiden. Und man muss auch feststellen, dass es in diesem Betrieb fast mehr um Entdeckung und Ermüdung geht. Komischerweise ist die Haltbarkeit eines Dramatikers ähnlich begrenzt wie die eines Fußballprofis. Es gibt viele Dramatiker, deren Karrieren vor 40 enden. Die werden erst wieder entdeckt, wenn sie tot sind.

LAHM: Das wäre bei Fußballprofis total schlecht.

(Heiterkeit)

RINKE: Ja, aber der Dramatiker mit 40 ist eigentlich noch voller Leben und könnte vielleicht mehr erzählen als mit 25. Ich bin jetzt im Alter von Paolo Maldini, dem legendären Abwehrspieler aus Mailand, der mit 40 noch in der Champions League gespielt hat. Unsere Maldinis werden jedoch entweder schnell müde oder sie werden mit 36 aussortiert, als wären sie Fußballer. Dabei brauchten wir eigentlich diese Maldinis.

ZEIT: Was bei den Fußballern das Formtief, ist bei den Schriftstellern die Schreibblockade. Wie gehen Sie damit um, wenn Sie spüren, dass Sie über einen längeren Zeitraum einfach nicht die nötige Form bringen?

LAHM: Ich stehe jeden Tag auf dem Platz. Ich weiß ganz genau, ob ich gut drauf bin. Immer, vor jedem Spiel. Wenn ich schlecht drauf bin, minimiere ich das Risiko, dann spiele ich einfache Pässe. Wenn ich das Risiko hoch halte, obwohl ich schlecht drauf bin, dann ziehe ich mich immer noch mehr selbst runter, da gehe ich lieber auf Nummer sicher.

RINKE: Und wie ist das, wenn du nicht an deiner Leistungsobergrenze warst und die Presse dich trotzdem feiert?

LAHM: Dann sage ich auf einer Pressekonferenz, dass mich das freut, ich aber weiß, dass es nicht mein stärkstes Spiel war. Es gibt aber auch umgekehrt Situationen, die werden dir angekreidet, aber wenn man es sich genau anschaut, ist es einfach eine Situation, die passieren kann. Eins gegen eins zum Beispiel, wie beim 2:2 gegen die Türkei bei der EM, da sehe ich halt blöd aus, aber so etwas passiert, eins gegen eins an der Außenlinie ...

RINKE: Er verteidigt die Situation ebenso wie ich Texte ...

LAHM: Das hat man auch noch nach hundert Jahren im Kopf! Außerdem schaut die Presse zu viel Fußball im Fernsehen, da sieht man nicht, was wirklich passiert.

RINKE: Bei uns lesen die Fachleute oft mehr die Feuilletons über ein Werk, anstatt das Werk selbst zu lesen. So entsteht dann auch die Rudelbildung, so entstehen Stoßrichtungen.

ZEIT: Herr Lahm, trennen Sie zwischen Spielen, in denen es um etwas geht, und Spielen, bei denen es um nichts geht?

LAHM: Na ja, Champions League, Flutlicht, abends Viertel vor neun, die Hymne, ausverkauftes Stadion. Das ist schon was anderes, als wenn man Bundesliga um halb vier in Bielefeld spielt. Gibt es bei dir Texte, die wie Bielefeld sind?

RINKE: Korrespondenzen mit der Hausverwaltung oder etwas bei Facebook.

LAHM: Kann man bei einem Text in der 89. Minute noch was reißen, wenn du unzufrieden bist?

RINKE: Du meinst, irgendwie retten?

LAHM: Ja.

RINKE: Eigentlich nicht. Vielleicht hohe Bälle. Für den flüchtigen Leser.

ZEIT: Es gibt Situationen bei Ihnen beiden, in denen Sie direkte Konkurrenten im Blick haben. Philipp Lahm schreibt in seinem Buch, dass es eine Illusion sei, dass jemand auf der Bank sitzt und denkt: »Großartig, der Kollege, den der Trainer statt dir auf deiner Position aufgestellt hat, macht ein geiles Spiel.«

LAHM: Dass man seinem Konkurrenten nicht immer das Beste wünscht, auch nicht wünschen kann, ist menschlich. Aber der mannschaftliche Erfolg muss immer im Vordergrund stehen. Das hat Vorrang vor den individuellen Interessen.

RINKE: Aber es geht doch darum, herauszukriegen, inwieweit das, was ihr nach außen darstellt, gut beraten, sinnvolle Diplomatie ist, und inwieweit es Dinge versteckt, die eigentlich menschlich sind und auch gesagt werden könnten.

LAHM: Aber das ist doch bei dir dasselbe: Wenn du siehst, dass jemand bei euch in der Öffentlichkeit so dargestellt wird, als sei der jetzt der große Held, kannst du dich wirklich darüber freuen?

RINKE: Es gibt natürlich Kollegen, die nehmen die Schwankungen des Betriebes viel zu ernst, die kriegen Magenkrämpfe, wenn einer plötzlich drei Preise bekommt, aber da sollte man gelassen bleiben. Preise sind eine außerliterarische Kategorie. Es ist wie bei der FIFA, da wird ein Spieler zum Man of the Match gewählt, aber es hat mit dem Spiel nicht so viel zu tun.

LAHM: Ist das mit dem Nobelpreis bei euch wie mit der FIFA?

RINKE: Fast. Das Nobelpreis-Komitee ist zwar nicht korrupt, aber noch unberechenbarer als die Abwehr von Werder Bremen. Du hast eben gesagt, was für eine wichtige Rolle dein Berater spielt. Manchmal wünschte ich mir aber, ihr würdet eben nicht ständig beraten sein.

LAHM: Das wünschen sich auch die Vereine, sagen sie zumindest. Und plötzlich musst du zum Rapport antreten und eine Strafe zahlen, wenn du auf Fehler hinweist.

RINKE: Ja, und deshalb verlieren wir auch immer mehr die tollen Typen im Fußball. Ihr seid alle so musterschülerhaft.

LAHM: Was heißt denn »ein Typ sein«? Wenn jemand den Mut hat, auch öffentlich unbequeme Dinge anzusprechen, ehrlich und offen, dann ist das ein Typ.

ZEIT: Manchmal muss er sich dann aber auch entschuldigen, wie Sie gerade für einige Passagen in Ihrem Buch.

LAHM: Wer das Buch liest, wird sehen, dass die Vorabdrucke die Sache verkürzt wiedergegeben haben. Deshalb habe ich mich entschuldigt. Es gibt aber auch solche Leute im Fußball, denen ist an der Wahrheit nicht gelegen, die stellen sich nur nach dem Spiel hin und sagen: »Wir müssen Eier zeigen, das war alles Scheiße.« Das sind für mich keine Typen!

RINKE: Also ihr müsst keine Typen werden wie früher Basler oder Effenberg, sondern mit Typ war eher etwas gemeint, das über die Phrase hinausgeht. Irgendjemand, der mal sagt: Im Grunde ist das auch irgendwie alles wahnsinnig, was wir hier machen. Ich dachte, ihr würdet nach Robert Enke nur noch über die wesentlichen Dinge sprechen.

LAHM: Ich gebe dir recht. Trotzdem ist es für einen Fußballprofi immer noch das Wichtigste, was er auf dem Fußballplatz macht.

RINKE: Aha, dann könntet ihr ja den Rest ein bisschen herunterfahren. Geht nach dem Spiel einfach duschen. Warum noch dieser ganze Interview-Brei? Und wenn dann zum Beispiel Frau Merkel in die Kabine kommt und ihr halb nackt aus der Dusche springt, dann ist das unnötig, finde ich.

Lahm: Ich denke mir das teilweise auch. Die Kabine sollte wirklich tabu sein, aber für jeden, der nicht zur Mannschaft gehört. Aber es fängt schon damit an, dass zum Beispiel, als unser Stadion umgebaut wurde, die Kabinenspinde fotografiert und auf der Homepage gezeigt wurden.

Zeit: Herr Rinke, Sie haben, als Schröder Kanzler war, Lesungen gehalten im Kanzleramt. Herr Lahm, Sie beschreiben in Ihrem Buch, dass Angela Merkel sich mit Sympathie und Ernsthaftigkeit auf Sie zubewegt hat. Besteht die Gefahr, instrumentalisiert zu werden?

Lahm: Die Gefahr besteht. Klar, wir wissen, dass ein Foto der Kanzlerin mit Mesut Özil, unserem türkischstämmigen Spieler, als Beweis für gelungene Integration genommen wird. Aber, was soll's?

Rinke: Es ist natürlich ein Unterschied, ob ein Nationalspieler auf der Dachterrasse des Kanzleramts steht oder ein Schriftsteller. Ich habe die erste Einladung, mein *Nibelungen*-Stück dort zu lesen, nicht angenommen, ich fand das zu staatstragend. Ich habe dann später das Maxim-Gorki-Theater mein Stück *Republik Vineta* lesen lassen, darin geht es um das Verhältnis von Macht und Utopie, um Männer wie Schröder, Lafontaine, das schien mir fürs Kanzleramt vertretbar.

Lahm: Hat Schröder sich das alles angehört?

Rinke: Sogar länger als 90 Minuten. Was aber am Ende der Öffentlichkeit in Erinnerung bleibt, ist die Vereinnahmung des Schriftstellers. Ich habe später Kulturleute beobachtet, die natürlich den Einladungen ins Kanzleramt folgten, und sobald Presse kam, sind die hinter Säulen gesprungen, so als befänden sie sich im Swingerclub. Da war die Angst groß. Das ist für einen Nationalspieler, der für Deutschland spielt, anders als für jemanden, der auch dieses Land anklagen soll.

LAHM: Und wie ist das, wenn du mit deiner Autorennationalmannschaft für Deutschland spielst?

RINKE: Also, ich denke da gar nicht so an Deutschland. Ich freue mich, dass wir in schönen Stadien auflaufen dürfen und der Rasen so grün ist. Allerdings habe ich Probleme mit der Hymne. Ich kann sie einfach nicht. Außerdem habe ich die Sorge, dass sich nach den ersten fünf Minuten des Spiels alle wieder streiten. Schriftsteller sind ja Individualisten. Ist es eigentlich auch schwieriger bei euch geworden, den Mannschaftsgeist herzustellen?

LAHM: Das wird immer schwieriger! Ja, weil jeder eigene Interessen hat, die immer größer werden.

RINKE: »Elf Freunde müsst ihr sein« – das sagte immer mein Jugendtrainer.

LAHM: Elf Freunde? Ich habe nicht mal elf Freunde. Hast du elf Freunde?

Nachweis der Veröffentlichungen

Vom Träumen und Bewundern

1. Statt eines Vorworts: Vielleicht werden wir noch berufen (Die Generation Fimpen)
   Der Tagesspiegel, 7.5.2007

2. Mit der Lichtgestalt beim Pokalfinale (Für meinen Großvater)
   Der Tagesspiegel, 21.4.2008

3. Die Lektüre des Mittelstürmers
   (Aus »Der Blauwal im Kirschgarten«, © 2001 Rowohlt Verlag GmbH, Reinbek b. Hamburg)

2006: DIE WM IM EIGENEN LANDE

1. Gott, der Kaiser und der Idiot (Drei dramatische Szenen von der Suche nach dem Bundestrainer)
   (Aus »Das große Stolpern«, Kiepenheuer & Witsch, Köln, 2005)

2. Zu Gast bei Freunden. Bericht zur Lage der Nation (59 Tage vor der Fußballweltmeisterschaft in Deutschland)
Der Tagesspiegel, 11.4.2006

3. Danach esse ich Maultaschen! (Dramatische Szene aus dem modernen Fußball-Leben, 5 Tage vor der WM)
Der Tagesspiegel, 4.6.2006

4. Die Pool-Novellen (Meine Zeit als WM-Poolwächter der deutschen Nationalmannschaft)
Der Tagesspiegel, WM-Beilage mit »11 Freunde täglich«, erschienen während der WM 2006

5. Nachspielzeit! (Was tief in der Nacht bei der Premierenfeier von »Deutschland. Ein Sommermärchen« geschah.)
Der Tagesspiegel, 6.10.2006

2008: DIE EM IN ÖSTERREICH UND DER SCHWEIZ

1. Heute gegen Polen! (Hymne auf meinen polnischen Theaterprofessor und auf den Papst, danach das Sportliche)
Der Tagesspiegel, 8.6.2008

2. The Tragedy of Miroslav (Frei nach »Hamlet« von William Shakespeare)
Der Tagesspiegel, 11.6.2008

3. Wollt ihr etwa Wörns?! Eine imaginäre Jogi-Löw-Wutrede (Frei nach »Flasche leer. Ich habe fertig« von Giovanni Trapattoni)
Der Tagesspiegel, 16.6.2008

4. Frau Klose ruft an. Lehmanns Bettdecke flattert. Und Gómez träumt, dass er nur noch minus 135 Millionen wert ist (Dramatische Szenen aus den Zimmern der Spieler)
Der Tagesspiegel, 18.6.2008

5. Die Bundeskanzlerin schreibt ihren ersten Liebesbrief an Schweinsteiger
Der Tagesspiegel, 23.6.2008

6. Stille Tage in Ascona (Dramatische Szenen auf dem Wasser und zu Land)
Der Tagesspiegel, 25.6.2008

7. Also sprach Metzelder zu Mertesacker (Dramatische Szenen zu Land, auf und unter dem Wasser)
Der Tagesspiegel, 29.6.2008

2010: DIE WM IN SÜDAFRIKA

Die Liebe ist rund – Angela Merkels Liebesbriefe an Bastian Schweinsteiger (Nr. 2 bis Nr. 7) und ein weiterer an Mesut Özil (Der Migrationsbrief)
Der Tagesspiegel, WM-Beilage mit »11 Freunde täglich«, erschienen während der WM 2010

KLEINE TEXTE GEGEN DIE GROSSEN FEINDE DES FRAUENFUSSBALLS (DIE WM 2011 IN DEUTSCHLAND)

1. Her mit dem Lack!
Der Tagesspiegel, 26.6.2011

2. Der fiese Betrug der Stockfische
Der Tagesspiegel, 30.6.2011

3. Stern über Bethlehem (Kleine WM-Schnuppen)
Der Tagesspiegel, 4.7.2011

4. Köpfen mit Zöpfen (Mit Olaf Scholz und Horst Hrubesch beim Frauenfußball)
Der Tagesspiegel, 8.7.2011

5. Die deutsche Niederlage gegen Japan – Ab sofort bin ich Solo-Fan! (Kleine WM-Schnuppen)
Der Tagesspiegel, 13.7.2011

6. Kleine Riesen (Hymne auf Homare Sawa)
   Der Tagesspiegel, 18.7.2011

DIE SCHÖNSTE NEBENSACHE DER WELT
(DIE DFB-AUTORENNATIONALMANNSCHAFT)

1. Wahnsinn! (Die Autoren-WM in Schweden)
   DIE ZEIT, 14.6.2007

2. Freundschaftsspiel in Saudi-Arabien oder: Wie sehen Sie die Entwicklungen in Russland? (Wüstenkoller)
   Der Tagesspiegel, 3.3.2008 sowie 17.3.2008

3. Die Zeichen am Himmel (Drei Fußballmannschaften aus Deutschland fahren nach Israel)
   Der Tagesspiegel, 2.1.2009

4. Ans Millerntor! Gegen die Türken!
   (Moritz Rinke, »Meine himmlischste Gnadengabe«, in: Julia Suchorski (Hg.), »St. Pauli unser«, © 2010 Rowohlt Verlag GmbH, Reinbek b. Hamburg)

5. Abschlussbankett (Dramatische Szene zwischen mir und dem DFB-Pokal)
   DIE ZEIT, 31.5.2007

ÜBER DIE LIEBE

1. Es muss auch ein Herz und eine Seele geben (Eine dramatische Szene über den Niedergang des FC Bayern)
   Der Tagesspiegel, 23.5.2009

2. Das Wunder von der Weser. Über Werder Bremen (Eine Liebeserklärung)
   MERIAN (Bremen und Bremerhaven), Dezember 2010

VON WELTMEISTERN UND DENEN, DIE ES WERDEN WOLLEN – ZWEI GESPRÄCHE

1. Ein Pferd für Helmut Rahn oder Ich könnte mich stundenlang mit Ihnen über das Endspiel unterhalten!
   (Gespräch über das »Wunder von Bern« mit Horst Eckel, Weltmeister von 1954, und Rudi Gutendorf, Trainerlegende)
   Auszüge aus »Der Pass in den freien Raum«, Edition Stiftung Schloss Neuhardenberg / Theater der Zeit, Berlin, 2009

2. »Hast du elf Freunde?« Was verbindet einen schreibenden Fußballer mit einem kickenden Schriftsteller? (Gespräch mit Philipp Lahm)
   DIE ZEIT, 1.9.2011

Moritz Rinke. Der Mann, der durch das Jahrhundert fiel.
Roman. KiWi 1208. Verfügbar auch als eBook

»Klug und zum Versinken witzig.« *Bücher*

»Rinke verknüpft seine erfundene Familiengeschichte auf geschickte Weise mit der Historie des realen Kunst-Worpswede.« *Die Zeit*

»Das Besondere und Sympathische an seiner Geschichte sind die liebevoll ausgemalten Details und die große Zahl origineller Charaktere.« *Die Welt*

www.kiwi-verlag.de

Moritz Rinke. Das große Stolpern. Erinnerungen an die Gegenwart. KiWi 899

Die Gegenwart, das absurde Tempo, der große Wirbel in allem – worum geht es eigentlich? Bei Moritz Rinke steht diese Frage im Mittelpunkt all seiner Geschichten. So fährt er bis nach Geiernest, um den Mann zu suchen, der den Bundeskanzler ohrfeigte, recherchiert in einer Klinik für Arbeitssüchtige, landet durch ein Navigationshandy von Dolly Buster im Swingerclub oder mit Madonna im Reformhaus.

»Moritz Rinkes Geschichten und Porträts bestechen durch ihre Schärfe, ihren Charme und ihren Witz.« *Die Zeit*

www.kiwi-verlag.de